edition suhrkamp 2058

D1435034

»*Die Maßnahme* ist nicht für Zuschauer geschrieben worden, sondern nur für die Belehrung der Aufführenden. Aufführungen vor Publikum rufen erfahrungsgemäß nichts als moralische Affekte für gewöhnlich minderer Art beim Publikum hervor. Ich gebe daher das Stück seit langem nicht für Aufführungen frei«, stellt Brecht 1956 fest. Mit Blick auf die 100. Geburtstage Brechts und des Komponisten Hanns Eisler 1998 ist *Die Maßnahme* nun wieder für Aufführungen freigegeben worden.

Die vorliegende Ausgabe präsentiert, der erheblichen Unterschiede wegen, die Fassungen von 1930 sowie von 1931 im Paralleldruck und dokumentiert somit die Umarbeitung des Stückes, die Brecht nach der Uraufführung unter Berücksichtigung von Zuschauerreaktionen und Kritiken vornahm.

Bertolt Brecht
Die Maßnahme

Zwei Fassungen
Anmerkungen

Suhrkamp

Die Texte von Brecht folgen Band 3 (bearbeitet von Manfred Nössig, 1988) und Band 24 (bearbeitet von Peter Kraft, 1991) der »Großen kommentierten Berliner und Frankfurter Ausgabe« der *Werke*. Die Kommentare dieser Bände sind Grundlage für die Anmerkungen in der vorliegenden Ausgabe, überarbeitet und ergänzt von Judith Wilke.

edition suhrkamp 2058
Erste Auflage 1998
© Copyright 1955 by Suhrkamp Verlag, Frankfurt am Main
Alle Rechte vorbehalten, insbesondere das
der Übersetzung, des öffentlichen Vortrags
sowie der Übertragung durch Rundfunk und Fernsehen,
auch einzelner Teile.
Satz: Jung Satzcentrum, Lahnau
Druck: Nomos Verlagsgesellschaft, Baden-Baden
Umschlag gestaltet nach einem Konzept
von Willy Fleckhaus: Rolf Staudt
Printed in Germany

4 5 6 - 03

Inhalt

Die Maßnahme
Lehrstück

(Fassung 1930)

Die Maßnahme
Lehrstück

(Fassung 1931)

1   Mitarbeiter: Slatan Dudow · Hanns Eisler

Personen

10 Die vier Agitatoren, nacheinander auch als: Der junge
    Genosse, Der Leiter des Parteihauses, Die zwei Kulis,
    Der Aufseher, Die zwei Textilarbeiter, Der Polizist, Der
    Händler · Der Kontrollchor

Mitarbeiter: Slatan Dudow · Hanns Eisler

Der zwölfte Versuch: »Die Maßnahme« mit einer Musik von Hanns Eisler, ist der Versuch, durch ein Lehrstück ein bestimmtes eingreifendes Verhalten einzuüben.

Personen

Die vier Agitatoren, nacheinander auch als: Der junge Genosse, Der Leiter des Parteihauses, Die zwei Kulis, Der Aufseher, Die zwei Textilarbeiter, Der Polizist, Der Händler · Der Kontrollchor

1 DER KONTROLLCHOR
Tretet vor! Eure Arbeit war glücklich, auch in
                                        diesem Lande
Marschiert die Revolution, und geordnet sind die
5   Reihen der Kämpfer auch dort.
Wir sind einverstanden mit euch.
DIE VIER AGITATOREN Halt, wir müssen etwas sagen!
Wir melden den Tod eines Genossen.
DER KONTROLLCHOR Wer hat ihn getötet?
10 DIE VIER AGITATOREN Wir haben ihn getötet. Wir haben
ihn erschossen und in eine Kalkgrube geworfen, dar-
über fordern wir euer Urteil.

DER KONTROLLCHOR Stellt dar, wie es geschah und war-
20 um, und ihr werdet hören unser Urteil.
DIE VIER AGITATOREN Wir werden anerkennen euer Urteil.

DER KONTROLLCHOR   1
  Tretet vor! Eure Arbeit war glücklich, auch in
                                  diesem Lande
  Marschiert die Revolution, und geordnet sind die
                                  Reihen der Kämpfer auch dort.   5
  Wir sind einverstanden mit euch.
DIE VIER AGITATOREN Halt, wir müssen etwas sagen!
  Wir melden den Tod eines Genossen.
DER KONTROLLCHOR Wer hat ihn getötet?
DIE VIER AGITATOREN Wir haben ihn getötet. Wir haben   10
  ihn erschossen und in eine Kalkgrube geworfen.

DER KONTROLLCHOR Was hat er getan, daß ihr ihn erschossen habt?
DIE VIER AGITATOREN Oftmals tat er das Richtige, einige   15
  Male das Falsche, aber zuletzt gefährdete er die Bewegung. Er wollte das Richtige und tat das Falsche. Wir
  fordern euer Urteil.
DER KONTROLLCHOR Stellt dar, wie es geschah und warum, und ihr werdet unser Urteil hören.   20
DIE VIER AGITATOREN Wir werden euer Urteil anerkennen.

I

DIE SCHRIFTEN DER KLASSIKER

DIE VIER AGITATOREN Wir kamen als Agitatoren aus
Moskau, wir sollten in die Stadt Mukden fahren, um
Propaganda zu machen, und in den Betrieben aufbauen
die chinesische Partei. Wir sollten uns im Parteihaus
melden, welches das letzte nach der Grenze zu war,
und einen Führer anfordern. Da trat uns im Vorzimmer
ein junger Genosse entgegen, und wir sprachen von der
Art unserer Aufgabe. Wir wiederholen das Gespräch.
Sie stellen sich drei gegen einen auf, einer von den vieren stellt den jungen Genossen dar.
DER JUNGE GENOSSE Ich bin der Sekretär des Parteihauses, welches das letzte nach der Grenze zu ist. Mein Herz schlägt für die Revolution. Der Anblick des Unrechts trieb mich in die Reihen der Kämpfer. Ich bin für die Freiheit. Ich glaube an die Menschheit. Und ich bin für die Maßnahmen der kommunistischen Partei, welche gegen Ausbeutung und Unkenntnis für die klassenlose Gesellschaft kämpft.

DIE DREI AGITATOREN Wir kommen aus Moskau.
DER JUNGE GENOSSE Wir haben euch erwartet.
DIE DREI AGITATOREN Warum?
DER JUNGE GENOSSE Wir kommen nicht weiter. Es gibt Unordnung und Mängel, wenig Brot und viel Kampf. Viele sind voll Mut, aber wenige können lesen. Wenig Maschinen, und niemand versteht sie. Unsere Lokomotiven sind in Bruch gefahren. Habt ihr Lokomotiven mitgebracht?
DIE DREI AGITATOREN Nein.
DER JUNGE GENOSSE Habt ihr Traktoren bei euch?
DIE DREI AGITATOREN Nein.

1   1

DIE LEHREN DER KLASSIKER

DIE VIER AGITATOREN Wir kamen als Agitatoren aus
   Moskau, wir sollten in die Stadt Mukden fahren, um
   Propaganda zu machen, und in den Betrieben unterstützen die chinesische Partei. Wir sollten uns im Parteihaus
   melden, welches das letzte nach der Grenze zu war,
   und einen Führer anfordern. Da trat uns im Vorzimmer
   ein junger Genosse entgegen, und wir sprachen von der
   Art unserer Aufgabe. Wir wiederholen das Gespräch.
   Sie stellen sich drei gegen einen auf, einer von den vie-
   ren stellt den jungen Genossen dar.
DER JUNGE GENOSSE Ich bin der Sekretär des Parteihau-
   ses, welches das letzte nach der Grenze zu ist. Mein
   Herz schlägt für die Revolution. Der Anblick des Un-
   rechts trieb mich in die Reihen der Kämpfer. Der
   Mensch muß dem Menschen helfen. Ich bin für die
   Freiheit. Ich glaube an die Menschheit. Und ich bin für
   die Maßnahmen der kommunistischen Partei, welche
   gegen Ausbeutung und Unkenntnis für die klassenlose
   Gesellschaft kämpft.
DIE DREI AGITATOREN Wir kommen aus Moskau.
DER JUNGE GENOSSE Wir haben euch erwartet.
DIE DREI AGITATOREN Warum?
DER JUNGE GENOSSE Wir kommen nicht weiter. Es gibt
   Unordnung und Mangel, wenig Brot und viel Kampf.
   Viele sind voll Mut, aber wenige können lesen. Wenig
   Maschinen, und niemand versteht sie. Unsere Loko-
   motiven sind in Bruch gefahren. Habt ihr Lokomoti-
   ven mitgebracht?
DIE DREI AGITATOREN Nein.
DER JUNGE GENOSSE Habt ihr Traktoren bei euch?
DIE DREI AGITATOREN Nein.

1   DER JUNGE GENOSSE Unsere Bauern spannen sich noch
    selber vor die alten Holzpflüge. Dabei haben wir
    nichts, um unsere Äcker zu bestellen. Habt ihr Saatgut
    mitgebracht?
5   DIE DREI AGITATOREN Nein.
    DER JUNGE GENOSSE Bringt ihr wenigstens Munition
    und Maschinengewehre?
    DIE DREI AGITATOREN Nein.
    DER JUNGE GENOSSE Wir müssen hier zu zweit die Revo-
10 lution verteidigen. So habt ihr sicher einen Brief des
    Zentralkomitees an uns, worin steht, was wir tun sol-
    len?
    DIE DREI AGITATOREN Nein.
    DER JUNGE GENOSSE So wollt ihr uns selber helfen?
15 DIE DREI AGITATOREN Nein.
    DER JUNGE GENOSSE Wir stehen Tag und Nacht in den
    Kleidern, gegen den Ansturm des Hungers, des Ver-
    falls und der Gegenrevolution. Ihr aber bringt uns
    nichts.
20 DIE DREI AGITATOREN So ist es: wir bringen nichts für
    euch. Aber über die Grenze nach Mukden bringen wir
    den chinesischen Arbeitern die Schriften der Klassiker
    und der Propagandisten: das Abc des Kommunismus;
    den Unwissenden Belehrung über ihre Lage, den Un-
25 terdrückten das Klassenbewußtsein und den Klassen-
    bewußten die Erfahrung der Revolution. Von euch
    aber sollen wir anfordern ein Automobil und einen
    Führer.
    DER JUNGE GENOSSE So habe ich schlecht gefragt?
30 DIE DREI AGITATOREN Nein, auf eine gute Frage folgte
    eine bessere Antwort. Wir sehen, daß von euch schon
    das Äußerste verlangt wurde; aber es wird noch mehr
    von euch verlangt: einer von euch zweien muß uns
34 nach Mukden führen.

DER JUNGE GENOSSE Unsere Bauern spannen sich noch
selber vor die alten Holzpflüge. Dabei haben wir
nichts, um unsere Äcker zu bestellen. Habt ihr Saatgut
mitgebracht?

DIE DREI AGITATOREN Nein.

DER JUNGE GENOSSE Bringt ihr wenigstens Munition
und Maschinengewehre?

DIE DREI AGITATOREN Nein.

DER JUNGE GENOSSE Wir müssen hier zu zweit die Revolution verteidigen. So habt ihr sicher einen Brief des
Zentralkomitees an uns, worin steht, was wir tun sollen?

DIE DREI AGITATOREN Nein.

DER JUNGE GENOSSE So wollt ihr uns selber helfen?

DIE DREI AGITATOREN Nein.

DER JUNGE GENOSSE Wir stehen Tag und Nacht in den
Kleidern, gegen den Ansturm des Hungers, des Ver-
falls und der Gegenrevolution. Ihr aber bringt uns
nichts.

DIE DREI AGITATOREN So ist es: wir bringen nichts für
euch. Aber über die Grenze nach Mukden bringen wir
den chinesischen Arbeitern die Lehren der Klassiker
und der Propagandisten: das Abc des Kommunismus;
den Unwissenden Belehrung über ihre Lage, den Unterdrückten das Klassenbewußtsein und den Klassenbewußten die Erfahrung der Revolution. Von euch
aber sollen wir ein Automobil und einen Führer anfordern.

DER JUNGE GENOSSE So habe ich schlecht gefragt?

DIE DREI AGITATOREN Nein, auf eine gute Frage folgte
eine bessere Antwort. Wir sehen, daß von euch schon
das Äußerste verlangt wurde; aber es wird noch mehr
von euch verlangt: einer von euch zweien muß uns
nach Mukden führen.

1 DER JUNGE GENOSSE Ich verlasse also meinen Posten, der
   zu schwierig war für zwei, für den aber jetzt einer ge-
   nügen muß. Ich werde mit euch gehen. Vorwärts mar-
   schierend, ausbreitend die Lehre der kommunistischen
5 Klassiker: die Weltrevolution.
   DER KONTROLLCHOR

   LOB DER U.S.S.R.

10   Schon beredete die Welt
     Unser Unglück
     Aber noch saß an unserm
     Kargen Tisch
     Aller Unterdrückten Hoffnung, die
15   Sich mit Wasser begnügt
     Und das Wissen belehrte
     Hinter zerfallender Tür
     Mit deutlicher Stimme die Gäste.
     Wenn die Türen zerfallen
20   Sitzen wir doch nur weiterhin sichtbar
     Die der Frost nicht umbringt noch der Hunger
     Unermüdlich beratend
     Die Geschicke der Welt.

25 DIE VIER AGITATOREN So war der junge Genosse von der
   Grenzstation einverstanden mit der Art unserer Arbeit, und wir traten, vier Männer und eine Frau, vor
   den Leiter des Parteihauses.

DER JUNGE GENOSSE Ich verlasse also meinen Posten, der
zu schwierig war für zwei, für den aber jetzt einer ge-
nügen muß. Ich werde mit euch gehen. Vorwärts mar-
schierend, ausbreitend die Lehre der kommunistischen
Klassiker: die Weltrevolution.
DER KONTROLLCHOR

LOB DER U.S.S.R.

Schon beredete die Welt
Unser Unglück.
Aber noch saß an unserm
Kargen Tisch
Aller Unterdrückten Hoffnung, die
Sich mit Wasser begnügt
Und das Wissen belehrte
Hinter zerfallender Tür
Mit deutlicher Stimme die Gäste.
Wenn die Tür zerfällt
Sitzen wir doch nur weiterhin sichtbar
Die der Frost nicht umbringt noch der Hunger
Unermüdlich beratend
Die Geschicke der Welt.

DIE VIER AGITATOREN So war der junge Genosse von der
Grenzstation einverstanden mit der Art unserer Arbeit, und wir traten, vier Männer und eine Frau, vor
den Leiter des Parteihauses.

2

Die Auslöschung

DIE VIER AGITATOREN Aber die Arbeit in Mukden war
illegal, darum mußten wir, vor wir die Grenze über-
schritten, unsere Gesichter auslöschen. Unser junger
Genosse war damit einverstanden. Wir wiederholen
den Vorgang.
Einer der Agitatoren stellt den Leiter des Parteihauses
dar.

DER LEITER DES PARTEIHAUSES Ich bin der Leiter des
letzten Parteihauses. Ich bin einverstanden, daß der
Genosse von meiner Station als Führer mitgeht. Es sind
aber Unruhen in den Fabriken von Mukden, und es
sieht in diesen Tagen auf diese Stadt die ganze Welt, ob
sie nicht einen von uns treten sieht aus den Hütten der
chinesischen Arbeiter, und ich höre, es liegen Kanonenboote bereit auf den Flüssen und Panzerzüge stehen auf den Bahndämmen, um uns sofort anzugreifen,
wenn einer von uns dort gesehen wird. Ich veranlasse
also die Genossen, als Chinesen über die Grenze zu gehen. *Zu den Agitatoren:* Ihr dürft nicht gesehen werden.

DIE ZWEI AGITATOREN Wir werden nicht gesehen.

DER LEITER DES PARTEIHAUSES Wenn einer verletzt wird,
darf er nicht gefunden werden.

DIE ZWEI AGITATOREN Er wird nicht gefunden.

DER LEITER DES PARTEIHAUSES So seid ihr bereit, zu
sterben und zu verstecken den Toten?

DIE ZWEI AGITATOREN Ja.

DER LEITER DES PARTEIHAUSES Dann seid ihr nicht mehr
ihr selber, du nicht mehr Karl Schmitt aus Berlin, du
nicht mehr Anna Kjersk aus Kasan und du nicht mehr
Peter Sawitsch aus Moskau, sondern allesamt ohne

2   1
DIE AUSLÖSCHUNG

DIE VIER AGITATOREN Aber die Arbeit in Mukden war
    illegal, darum mußten wir, bevor wir die Grenze über-   5
    schritten, unsere Gesichter auslöschen. Unser junger
    Genosse war damit einverstanden. Wir wiederholen
    den Vorgang.
    *Einer der Agitatoren stellt den Leiter des Parteihauses
    dar.*   10
DER LEITER DES PARTEIHAUSES Ich bin der Leiter des
    letzten Parteihauses. Ich bin einverstanden, daß der
    Genosse von meiner Station als Führer mitgeht. Es sind
    aber Unruhen in den Fabriken von Mukden, und es
    sieht in diesen Tagen auf diese Stadt die ganze Welt, ob   15
    sie nicht einen von uns treten sieht aus den Hütten der
    chinesischen Arbeiter, und ich höre, es liegen Kano-
    nenboote bereit auf den Flüssen und Panzerzüge ste-
    hen auf den Bahndämmen, um uns sofort anzugreifen,
    wenn einer von uns dort gesehen wird. Ich veranlasse   20
    also die Genossen, als Chinesen über die Grenze zu ge-
    hen. *Zu den Agitatoren:* Ihr dürft nicht gesehen wer-
    den.
DIE ZWEI AGITATOREN Wir werden nicht gesehen.
DER LEITER DES PARTEIHAUSES Wenn einer verletzt wird,   25
    darf er nicht gefunden werden.
DIE ZWEI AGITATOREN Er wird nicht gefunden.
DER LEITER DES PARTEIHAUSES So seid ihr bereit, zu
    sterben und zu verstecken den Toten?
DIE ZWEI AGITATOREN Ja.   30
DER LEITER DES PARTEIHAUSES Dann seid ihr nicht mehr
    ihr selber, du nicht mehr Karl Schmitt aus Berlin, du
    nicht mehr Anna Kjersk aus Kasan und du nicht mehr
    Peter Sawitsch aus Moskau, sondern allesamt ohne   34

1   Namen und Mutter, leere Blätter, auf welche die Revolution ihre Anweisung schreibt.

DIE ZWEI AGITATOREN Ja.

DER LEITER DES PARTEIHAUSES *gibt ihnen Masken, sie*
5   *setzen sie auf:* Dann seid ihr von dieser Stunde an nicht
     mehr Niemand, sondern von dieser Stunde an und
     wahrscheinlich bis zu eurem Verschwinden unbekannte Arbeiter, Kämpfer, Chinesen, geboren von chinesischen Müttern, gelber Haut, sprechend in Schlaf
10   und Fieber chinesisch.

DIE ZWEI AGITATOREN Ja.

DER LEITER DES PARTEIHAUSES Im Interesse des Kommunismus einverstanden mit dem Vormarsch der proletarischen Massen aller Länder, ja sagend zur Revolu
15   tionierung der Welt.

DIE ZWEI AGITATOREN Ja. So zeigte der junge Genosse sein
     Einverständnis mit der Auslöschung seines Gesichtes.

DER KONTROLLCHOR Wer für den Kommunismus
     kämpft, der muß kämpfen können und nicht kämpfen;
20   die Wahrheit sagen und die Wahrheit nicht sagen;
     Dienste erweisen und Dienste verweigern; Versprechen
     halten und Versprechen nicht halten. Sich in Gefahr begeben und die Gefahr vermeiden; kenntlich sein und
     unkenntlich sein. Wer für den Kommunismus kämpft,
25   hat von allen Tugenden nur eine: daß er für den Kommunismus kämpft.

DIE VIER AGITATOREN Wir gingen als Chinesen nach
     Mukden, vier Männer und eine Frau, Propaganda zu
     machen und aufzubauen die chinesische Partei durch
30   die Schriften der Klassiker und der Propagandisten, das
     Abc des Kommunismus; den Unwissenden Belehrung
     zu bringen über ihre Lage, den Unterdrückten das
     Klassenbewußtsein und den Klassenbewußten die Er
34   fahrung der Revolution.

Namen und Mutter, leere Blätter, auf welche die Revolution ihre Anweisung schreibt.

DIE ZWEI AGITATOREN Ja.

DER LEITER DES PARTEIHAUSES *gibt ihnen Masken, sie
setzen sie auf:* Dann seid ihr von dieser Stunde an nicht
mehr Niemand, sondern von dieser Stunde an und
wahrscheinlich bis zu eurem Verschwinden unbekannte Arbeiter, Kämpfer, Chinesen, geboren von chinesischen Müttern, gelber Haut, sprechend in Schlaf
und Fieber chinesisch.

DIE ZWEI AGITATOREN Ja.

DER LEITER DES PARTEIHAUSES Im Interesse des Kommunismus einverstanden mit dem Vormarsch der proletarischen Massen aller Länder, ja sagend zur Revolutionierung der Welt.

DIE ZWEI AGITATOREN Ja. So zeigte der junge Genosse sein
Einverständnis mit der Auslöschung seines Gesichtes.

DER KONTROLLCHOR Wer für den Kommunismus
kämpft, der muß kämpfen können und nicht kämpfen;
die Wahrheit sagen und die Wahrheit nicht sagen;
Dienste erweisen und Dienste verweigern; Versprechen
halten und Versprechen nicht halten. Sich in Gefahr begeben und die Gefahr vermeiden; kenntlich sein und
unkenntlich sein. Wer für den Kommunismus kämpft,
hat von allen Tugenden nur eine: daß er für den Kommunismus kämpft.

DIE VIER AGITATOREN Wir gingen als Chinesen nach
Mukden, vier Männer und eine Frau, Propaganda zu
machen und zu unterstützen die chinesische Partei
durch die Lehren der Klassiker und der Propagandisten, das Abc des Kommunismus; den Unwissenden
Belehrung zu bringen über ihre Lage, den Unterdrückten das Klassenbewußtsein und den Klassenbewußten
die Erfahrung der Revolution.

1   DER KONTROLLCHOR

LOB DER ILLEGALEN ARBEIT

5   Schön ist es
Das Wort zu ergreifen im Klassenkampf
Laut und schallend aufzurufen zum Kampf die Massen
Zu zerstampfen die Unterdrücker, zu befreien die
                                        Unterdrückten.
10 Schwer ist und nützlich die tägliche Kleinarbeit
Zähes und heimliches Knüpfen
Des großen Netzes der Partei vor den
Gewehrläufen der Unternehmer:
Reden, aber
15 Zu verbergen den Redner.
Siegen, aber
Zu verbergen den Sieger.
Sterben, aber
Zu verstecken den Tod.
20 Wer täte nicht viel für den Ruhm, aber wer
Tut's für das Schweigen?
Aber es lädt der ärmliche Esser die Ehre zu Tisch
Aus der engen und zerfallenden Hütte tritt
Unhemmbar die Größe.
25 Und der Ruhm fragt umsonst
Nach den Tätern der großen Tat.

DER KONTROLLCHOR   1

LOB DER ILLEGALEN ARBEIT

Schön ist es   5
Das Wort zu ergreifen im Klassenkampf
Laut und schallend aufzurufen zum Kampf die Massen
Zu zerstampfen die Unterdrücker, zu befreien die
                                        Unterdrückten.
Schwer ist und nützlich die tägliche Kleinarbeit   10
Zähes und heimliches Knüpfen
Des Netzes der Partei vor den
Gewehrläufen der Unternehmer:
Reden, aber
Zu verbergen den Redner.   15
Siegen, aber
Zu verbergen den Sieger.
Sterben, aber
Zu verstecken den Tod.
Wer täte nicht viel für den Ruhm, aber wer   20
Tut's für das Schweigen?
Aber es lädt der ärmliche Esser die Ehre zu Tisch
Aus der engen und zerfallenden Hütte tritt
Unhemmbar die Größe.
Und der Ruhm fragt umsonst   25
Nach den Tätern der großen Tat.
Tretet vor
Für einen Augenblick
Unbekannte, verdeckten Gesichtes und empfangt
Unsern Dank!   30

1   DIE VIER AGITATOREN In der Stadt Mukden trieben wir
    Propaganda unter den Arbeitern. Wir hatten kein Brot
    für den Hungrigen, sondern nur Wissen für den Un-
    wissenden, darum sprachen wir von dem Urgrund des
5   Elends, merzten das Elend nicht aus, sondern sprachen
    von der Ausmerzung des Urgrunds.

DIE VIER AGITATOREN In der Stadt Mukden trieben wir
Propaganda unter den Arbeitern. Wir hatten kein Brot
für die Hungrigen, sondern nur Wissen für den Unwissenden, darum sprachen wir von dem Urgrund des
Elends, merzten das Elend nicht aus, sondern sprachen
von der Ausmerzung des Urgrunds.

3
DER STEIN

DIE VIER AGITATOREN Zuerst gingen wir in die untere
Stadt. Da zogen Kulis einen Kahn an einem Strick vom
Ufer aus. Aber der Boden war glatt. Als nun einer aus-
glitt, und der Aufseher stieß ihn, sagten wir dem jungen
Genossen: Folge ihnen und treib Propaganda bei ihnen, wenn sie fertig sind mit ihrer Arbeit. Verfalle aber
nicht dem Mitleid! Und wir fragten: Bist du einverstanden, und er war einverstanden und ging eilig hin und
verfiel sofort dem Mitleid. Wir zeigen es.

*Zwei Agitatoren stellen Kulis dar, indem sie an einen
Pflock ein Tau anbinden und das Tau über der Schulter
ziehen. Einer stellt den jungen Genossen, einer den
Aufseher dar.*

DIE ZWEI KULIS Wir sind die Kulis und schleppen den
Reiskahn den Fluß herauf.
DER KONTROLLCHOR

GESANG DER REISKAHNSCHLEPPER

In der Stadt oben am Fluß
Gibt es für uns einen Mundvoll Reis
Aber der Kahn ist schwer, der hinauf soll
Und das Wasser fließt nach unten
Wir werden nie hinaufkommen.
    Zieht rascher, die Mäuler
    Warten auf das Essen

3

DER STEIN

DIE VIER AGITATOREN Zuerst gingen wir in die untere
Stadt. Da zogen Kulis einen Kahn an einem Strick vom
Ufer aus. Aber der Boden war glatt. Als nun einer aus-
glitt, und der Aufseher stieß ihn, sagten wir dem jungen
Genossen: Folge ihnen und treib Propaganda bei ihnen. Sag ihnen, du habest in Tientsin Schuhe für Kahn-
schlepper gesehen, die unten Bretter hatten, so daß sie
nicht ausrutschen konnten. Versuche zu erreichen, daß
sie auch solche Schuhe fordern. Verfalle aber nicht dem
Mitleid! Und wir fragten: Bist du einverstanden, und er
war einverstanden und ging eilig hin und verfiel sofort
dem Mitleid. Wir zeigen es.
Zwei Agitatoren stellen Kulis dar, indem sie an einen
Pflock ein Tau anbinden und das Tau über der Schulter
ziehen. Einer stellt den jungen Genossen, einer den
Aufseher dar.
DER AUFSEHER Ich bin der Aufseher. Ich muß den Reis
bis zum Abend in der Stadt Mukden haben.
DIE ZWEI KULIS Wir sind die Kulis und schleppen den
Reiskahn den Fluß herauf.
DIE KULIS

GESANG DER REISKAHNSCHLEPPER

In der Stadt oben am Fluß
Gibt es für uns einen Mund voll Reis
Aber der Kahn ist schwer, der hinauf soll
Und das Wasser fließt nach unten
Wir werden nie hinaufkommen.
    Zieht rascher, die Mäuler
    Warten auf das Essen

1   Zieht gleichmäßig, stoßt nicht
     Den Nebenmann.

     Im Kahn ist Reis. Der Bauer, der
5   Ihn geerntet hat, bekam
     Eine Handvoll Münzen, wir
     Kriegen noch weniger. Ein Ochse
     Wäre teurer. Wir sind zuviel.
         Zieht rascher. Die Mäuler
10   Warten auf das Essen.
         Zieht gleichmäßig. Stoßt nicht
         Den Nebenmann.

     Die Nacht kommt schon bald. Das Lager
15   Zu klein für eines Hundes Schatten
     Kostet einen halben Mundvoll Reis
     Weil das Ufer zu glatt ist
     Kommen wir nicht vom Fleck.
         Zieht rascher. Die Mäuler
20   Warten auf das Essen
         Zieht gleichmäßig. Stoßt nicht
         Den Nebenmann.

DER JUNGE GENOSSE Häßlich zu hören ist die Schönheit,
25   mit der diese Männer zudecken die Qual ihrer Arbeit.
DER AUFSEHER Ich bin der Aufseher. Ich muß den Reis
     bis zum Abend in der Stadt haben. Zieht rascher.
DER KONTROLLCHOR
     Unsere Väter zogen den Kahn von der Flußmündung
30   Ein Stück weit höher. Unsere Kinder
     Werden die Quelle erreichen, wir
     Sind dazwischen.

Zieht gleichmäßig, stoßt nicht 1
Den Nebenmann.

DER JUNGE GENOSSE Häßlich zu hören ist die Schönheit,
   mit der diese Männer zudecken die Qual ihrer Arbeit. 25
DER AUFSEHER Zieht rascher.

DIE KULIS
   Die Nacht kommt schon bald. Das Lager
   Zu klein für eines Hundes Schatten 30
   Kostet einen halben Mundvoll Reis
   Weil das Ufer zu glatt ist
   Kommen wir nicht vom Fleck.

1   Zieht rascher. Die Mäuler
     Warten auf das Essen
     Zieht gleichmäßig. Stoßt nicht
     Den Nebenmann.
5 DER KULI *gleitet aus:* Ich kann nicht weiter.
   DER KONTROLLCHOR *während die Kulis stehen und gepeitscht werden:*
     Länger als wir
     Hält das Tau, das in die Schulter schneidet
10   Die Peitsche des Aufsehers
     Hat vier Geschlechter gesehen
     Wir sind nicht das letzte.
        Zieht rascher. Die Mäuler
        Warten auf das Essen
15   Zieht gleichmäßig. Stoßt nicht
        Den Nebenmann.
   DER JUNGE GENOSSE Schwer ist es, ohne Mitleid diese
   Männer zu sehen. *Zum Aufseher:* Siehst du nicht, daß
   der Boden zu glatt ist?
20 DER AUFSEHER Was ist der Boden?
   DER JUNGE GENOSSE Zu glatt! *Zum Kuli:* Hier nehme ich
   einen Stein und lege ihn in den Schlamm, und jetzt tritt.
   DER KONTROLLCHOR
     Wenn der Reis in der Stadt ankommt
25   Und die Kinder fragen, wer
     Den schweren Kahn geschleppt hat, heißt es:
     Er ist geschleppt worden.
        Zieht rascher. Die Mäuler
        Warten auf das Essen.
30   Zieht gleichmäßig. Stoßt nicht
        Den Nebenmann.
   DER AUFSEHER Du, willst du behaupten, daß das Ufer
   zu glatt ist, als daß man einen Kahn voll Reis ziehen
34 kann?

Zieht rascher. Die Mäuler   1
Warten auf das Essen
Zieht gleichmäßig. Stoßt nicht
Den Nebenmann.

DER KULI *gleitet aus:* Ich kann nicht weiter.   5

DIE KULIS *während sie stehen und gepeitscht werden, bis*
der Gestürzte wieder hochgekommen ist:
Länger als wir
Hält das Tau, das in die Schulter schneidet
Die Peitsche des Aufsehers   10
Hat vier Geschlechter gesehen
Wir sind nicht das letzte.

Zieht rascher. Die Mäuler
Warten auf das Essen
Zieht gleichmäßig. Stoßt nicht   15
Den Nebenmann.

DER JUNGE GENOSSE Schwer ist es, ohne Mitleid diese
Männer zu sehen. *Zum Aufseher:* Siehst du nicht, daß
der Boden zu glatt ist?

DER AUFSEHER Was ist der Boden?   20

DER JUNGE GENOSSE Zu glatt!

DER AUFSEHER Was? Willst du behaupten, daß das Ufer
zu glatt ist, als daß man einen Kahn voll Reis ziehen
kann?   34

DER JUNGE GENOSSE Ich habe nur diesem Mann einen Stein hingelegt.

DER AUFSEHER So glaubst du, ohne dich können wir den Kahn nicht ziehen oder die Stadt Mukden braucht keinen Reis?

DER JUNGE GENOSSE Wenn die Leute hinfallen, können sie den Kahn nicht ziehen.

DER AUFSEHER Soll ich für jeden einen Stein hinlegen von hier bis in die Stadt Mukden?

DER JUNGE GENOSSE Ich weiß nicht, was du sollst, aber ich weiß, was diese sollen.

DER JUNGE GENOSSE Ja.   1

DER AUFSEHER So glaubst du, die Stadt Mukden braucht
  keinen Reis?

                                                                   5
DER JUNGE GENOSSE Wenn die Leute hinfallen, können
  sie den Kahn nicht ziehen.
DER AUFSEHER Soll ich für jeden einen Stein hinlegen von
  hier bis in die Stadt Mukden?
DER JUNGE GENOSSE Ich weiß nicht, was du sollst, aber   10
  ich weiß, was diese sollen. Glaubt nicht, was zweitau-
  send Jahre nicht ging, das geht nie. In Tientsin habe ich
  bei Kahnschleppern Schuhe gesehen, die unten Bretter
  haben, so daß sie nicht ausrutschen können. Das haben
  sie durch gemeinsames Fordern erreicht. Fordert also   15
  gemeinsam solche Schuhe!
DIE KULIS Eigentlich können wir diesen Kahn ohne sol-
  che Schuhe nicht mehr schleppen.
DER AUFSEHER Aber der Reis muß heute abend in der
  Stadt sein. *Er peitscht sie, sie ziehen.*   20
DIE KULIS
  Unsere Väter zogen den Kahn von der Flußmündung
  Ein Stück weit höher. Unsere Kinder
  Werden die Quelle erreichen, wir
  Sind dazwischen.   25
    Zieht rascher. Die Mäuler
    Warten auf das Essen.
    Zieht gleichmäßig. Stoßt nicht
    Den Nebenmann.
Der Kuli stürzt wieder.   30
DER KULI Helft mir.
DER JUNGE GENOSSE Bist du kein Mensch? Hier nehme
  ich einen Stein und lege ihn in den Schlamm *zum Kuli:*
  und jetzt tritt!   34

DER KONTROLLCHOR
   Das Essen von unten kommt
30 Zu den Essern oben. Die
   Es schleppten, haben
   Nicht gegessen.

DER AUFSEHER Richtig. Was helfen uns Schuhe in Tientsin? Ich will euch lieber erlauben, daß euer mitleidiger
Kamerad mit einem Stein nebenherläuft und ihn jedem
hinlegt, der ausrutscht.

DIE KULIS

Im Kahn ist Reis. Der Bauer, der
Ihn geerntet hat, bekam
Eine Handvoll Münzen, wir
Kriegen noch weniger. Ein Ochse
Wäre teurer. Wir sind zuviel.
*Einer der Kulis rutscht aus, der junge Genosse legt ihm
den Stein hin, der Kuli kommt wieder hoch.*

DIE KULIS

Zieht rascher. Die Mäuler
Warten auf das Essen.
Zieht gleichmäßig. Stoßt nicht
Den Nebenmann.
Wenn der Reis in der Stadt ankommt
Und die Kinder fragen, wer
Den schweren Kahn geschleppt hat, heißt es:
Er ist geschleppt worden.
*Einer der Kulis rutscht aus, der junge Genosse legt ihm
den Stein hin, der Kuli kommt wieder hoch.*

DIE KULIS

Zieht rascher. Die Mäuler
Warten auf das Essen.
Zieht gleichmäßig. Stoßt nicht
Den Nebenmann.
Das Essen von unten kommt
Zu den Essern oben. Die
Es schleppten, haben
Nicht gegessen.
*Einer der Kulis rutscht aus, der junge Genosse legt ihm
den Stein hin, der Kuli kommt wieder hoch.*

DER KULI Das ist ein Narr, über den lacht man.

DER AUFSEHER Nein, das ist einer von denen, die uns die
Leute aufhetzen. Hallo, faßt ihn.

DIE VIER AGITATOREN Und sofort wurde er gefaßt. Und
er wurde gejagt zwei Tage lang und traf uns, und wir
wurden mit ihm gejagt durch die Stadt Mukden eine
Woche lang und durften uns nicht mehr blicken lassen
im unteren Stadtteil.

DISKUSSION

DER KONTROLLCHOR

Aber ist es nicht richtig, zu unterstützen den

Schwachen

Wo immer er vorkommt, ihm zu helfen
Dem Ausgebeuteten, in seiner täglichen Mühsal
Und der Unterdrückung!

DIE VIER AGITATOREN Er hat ihm nicht geholfen, aber
uns hat er gehindert, Propaganda zu treiben im unteren
Stadtteil.

DER KONTROLLCHOR Wir sind einverstanden.

DIE VIER AGITATOREN Der junge Genosse sah ein, daß er
das Gefühl über den Verstand gestellt hatte. Aber wir
trösteten ihn und sagten ihm die Worte des Genossen
Lenin:

DER KONTROLLCHOR

Klug ist nicht, der keine Fehler macht, sondern
Klug ist, der sie schnell zu verbessern versteht.

DER JUNGE GENOSSE Ich kann nicht mehr. Ihr müßt an- ₁
dere Schuhe fordern.

DER KULI Das ist ein Narr, über den man lacht.

DER AUFSEHER Nein, das ist einer von denen, die uns die
Leute aufhetzen. Hallo, faßt ihn.   ₅

DIE VIER AGITATOREN Und sofort wurde er gefaßt. Und
er wurde gejagt zwei Tage lang und traf uns, und wir
wurden mit ihm gejagt durch die Stadt Mukden eine
Woche lang und durften uns nicht mehr blicken lassen
im unteren Stadtteil.   ₁₀

DISKUSSION

DER KONTROLLCHOR
Aber ist es nicht richtig, zu unterstützen den   ₁₅
                                    Schwachen
Wo immer er vorkommt, ihm zu helfen
Dem Ausgebeuteten, in seiner täglichen Mühsal
Und der Unterdrückung!

DIE VIER AGITATOREN Er hat ihm nicht geholfen, aber ₂₀
uns hat er gehindert, Propaganda zu treiben im unteren
Stadtteil.

DER KONTROLLCHOR Wir sind einverstanden.

DIE VIER AGITATOREN Der junge Genosse sah ein, daß er
das Gefühl vom Verstand getrennt hatte. Aber wir ₂₅
trösteten ihn und sagten ihm die Worte des Genossen
Lenin:

DER KONTROLLCHOR
Klug ist nicht, der keine Fehler macht, sondern
Klug ist, der sie schnell zu verbessern versteht.   ₃₀

4
GERECHTIGKEIT

DIE VIER AGITATOREN Wir gründeten die ersten Zellen in
den Betrieben und bildeten aus die ersten Funktionäre,
richteten eine Parteischule ein und lehrten sie, heimlich
herzustellen die verbotene Literatur. Aber dann trieben
wir Propaganda in den Baumwollspinnereien, und jeder hatte seinen Platz, und dem jungen Genossen sagten
wir: Stelle dich an das Fabriktor und verteile die Flugblätter, aber verrate dich nicht. Da fiel der Verdacht auf
einen, der bei ihm stand und statt seiner gegriffen
wurde. Da konnte er nicht schweigen. Wir zeigen es:
DIE DREI AGITATOREN Du hast versagt bei den Reiskahn-
schleppern.
DER JUNGE GENOSSE Ja.
DIE DREI AGITATOREN Hast du gelernt daraus?
DER JUNGE GENOSSE Ja.
DIE DREI AGITATOREN Wirst du dich besser halten bei
den Textilarbeitern?
DER JUNGE GENOSSE Ja.
Zwei Agitatoren stellen Textilarbeiter dar.

DIE ZWEI TEXTILARBEITER Wir sind Arbeiter in der
Baumwollspinnerei.

DER KONTROLLCHOR

GESANG DER TEXTILARBEITER

Heute war schon wieder
Weniger Geld in der Lohntüte

4
GERECHTIGKEIT

DIE VIER AGITATOREN Wir gründeten die ersten Zellen in
  den Betrieben und bildeten aus die ersten Funktionäre,
  richteten eine Parteischule ein und lehrten sie, heimlich
  herzustellen die verbotene Literatur. Aber dann arbei-
  teten wir in den Textilfabriken, und als der Lohn ge-
  senkt wurde, trat ein Teil der Arbeiter in den Streik. Da
  aber der andere Teil weiterarbeitete, war der Streik ge-
  fährdet. Wir sagten dem jungen Genossen: Stelle dich
  an das Fabriktor und verteile die Flugblätter. Wir wie-
  derholen das Gespräch.
DIE DREI AGITATOREN Du hast versagt bei den Reiskahn-
  schleppern.
DER JUNGE GENOSSE Ja.
DIE DREI AGITATOREN Hast du gelernt daraus?
DER JUNGE GENOSSE Ja.
DIE DREI AGITATOREN Wirst du dich besser halten beim
  Streik?
DER JUNGE GENOSSE Ja.
  *Zwei Agitatoren stellen Textilarbeiter und einer einen
  Polizisten dar.*
DIE ZWEI TEXTILARBEITER Wir sind Arbeiter in der Tex-
  tilfabrik.
DER POLIZIST Ich bin ein Polizist und bekomme von den
  Herrschenden mein Brot dafür, daß ich die Unzufrie-
  denheit bekämpfe.
DER KONTROLLCHOR
  Komm heraus, Genosse! Riskiere
  Den Pfennig, der kein Pfennig ist
  Die Schlafstelle, auf die es regnet
  Und den Arbeitsplatz, den du morgen verlierst!
  Heraus auf die Straße! Kämpfe!

1   Wenn wir von den Webstühlen weggehen
     Stellen sich andere an unseren Platz
     Wir können nicht weggehen.
     DER JUNGE GENOSSE Streikt! Der Lohn ist zu niedrig!
5   Geht weg von euren Webstühlen! Stellt euch in die
     Tore und laßt niemand an eure Webstühle.
     DER KONTROLLCHOR
     Wenn wir uns in die Tore stellen und
     Niemand an unsere Webstühle lassen
10   Kommen die Soldaten und schießen auf uns
     Wir können uns nicht in die Tore stellen.

15
     DER JUNGE GENOSSE Streikt! Der Lohn ist zu niedrig!
     Stellt euch in die Tore und kämpft mit den Soldaten!
     DER KONTROLLCHOR
     Wer verhungert zuerst? Wer
20   Stellt sich zuerst gegen die Gewehre? Wer
     Fängt an? Wer
     Darf am Abend essen?
     DER JUNGE GENOSSE Streikt! Der Lohn ist zu niedrig!
     Alle fangen an, und jeder muß der Erste sein!
25   DIE ZWEI TEXTILARBEITER Wir gehen nach Betriebs-
     schluß nach Hause, wir sind sehr unzufrieden, wissen
     aber nicht, was wir tun sollen.
     DER JUNGE GENOSSE *steckt dem einen ein Flugblatt zu,
     der andere bleibt untätig dabei stehen:* Lies es und gib
30   es weiter. Wenn du es gelesen hast, wirst du wissen, was
     du tun sollst.
     DER ERSTE *nimmt es und geht weiter.*
     Einer der Agitatoren stellt einen Polizisten dar.

Um zu warten ist es zu spät!   1
Hilf dir selbst, indem du uns hilfst: übe
Solidarität!

DER JUNGE GENOSSE
Gib preis, was du hast, Genosse!   5
Du hast nichts.

DER KONTROLLCHOR
Komm heraus, Genosse, vor die Gewehre
Und bestehe auf deinem Lohn!
Wenn du weißt, daß du nichts zu verlieren hast   10
Haben ihre Polizisten nicht genug Gewehre!
Heraus auf die Straße! Kämpfe!
Um zu warten ist es zu spät!
Hilf dir selbst, indem du uns hilfst: übe
Solidarität!   15

DIE ZWEI TEXTILARBEITER Wir gehen nach Betriebs-   25
schluß nach Hause, unsere Löhne sind abgebaut, wir
wissen nicht, was wir tun sollen, und arbeiten weiter.
DER JUNGE GENOSSE *steckt dem einen ein Flugblatt zu,
der andere bleibt untätig dabei stehen:* Lies es und gib
es weiter. Wenn du es gelesen hast, wirst du wissen, was   30
du tun sollst.
DER ERSTE *nimmt es und geht weiter.*

1 DER POLIZIST Ich bin ein Polizist und bekomme von den
   Herrschenden mein Brot dafür, daß ich die Unzufrie-
   denheit bekämpfe. *Er nimmt dem Ersten das Flugblatt
   weg.* Wer hat dir das Flugblatt gegeben?
5 DER ERSTE Ich weiß es nicht, einer hat es mir im Vorbei-
   gehen zugesteckt.

   DER POLIZIST *tritt auf den Zweiten zu:* Du hast ihm das
   Flugblatt gegeben. Wir von der Polizei suchen solche,
   die solche Flugblätter verteilen.

10 DER ZWEITE Ich habe keinem ein Flugblatt gegeben.

   DER JUNGE GENOSSE Ist denn die Belehrung der Unwissenden über ihre Lage ein Verbrechen?

   DER POLIZIST *zum Zweiten:* Eure Belehrungen führen
   zu schrecklichen Dingen. Wenn ihr eine solche Fabrik
15 belehrt, dann kennt sie ihren eigenen Besitzer nicht
   mehr. Dieses kleine Flugblatt ist gefährlicher als zehn
   Kanonen.

   DER JUNGE GENOSSE Was steht denn drin?

   DER POLIZIST Das weiß ich nicht. *Zum Zweiten:* Was
20 steht denn drin?

   DER ZWEITE Ich kenne das Flugblatt nicht, ich habe es
   nicht verteilt.

   DER JUNGE GENOSSE Ich weiß, daß er es nicht getan hat.

   DER POLIZIST *zum jungen Genossen:* Hast du ihm das
25 Flugblatt gegeben?

   DER JUNGE GENOSSE Nein.

   DER POLIZIST *zum Zweiten:* Dann hast du es ihm gegeben.

   DER JUNGE GENOSSE *zum Ersten:* Was geschieht mit ihm?
30 DER ERSTE Er kann erschossen werden.

   DER JUNGE GENOSSE Warum willst du ihn erschießen,
   Polizist? Bist du nicht auch ein Prolet?

   DER POLIZIST *zum Zweiten:* Komm mit. *Schlägt auf sei-
34 nen Kopf ein.*

DER POLIZIST *nimmt dem Ersten das Flugblatt weg:* Wer
hat dir das Flugblatt gegeben?

DER ERSTE Ich weiß es nicht, einer hat es mir im Vorbei-
gehen zugesteckt.

DER POLIZIST *tritt auf den Zweiten zu:* Du hast ihm das
Flugblatt gegeben. Wir von der Polizei suchen solche,
die solche Flugblätter verteilen.

DER ZWEITE Ich habe keinem ein Flugblatt gegeben.

DER JUNGE GENOSSE Ist denn die Belehrung der Unwissenden über ihre Lage ein Verbrechen?

DER POLIZIST *zum Zweiten:* Eure Belehrungen führen
zu schrecklichen Dingen. Wenn ihr eine solche Fabrik
belehrt, dann kennt sie ihren eigenen Besitzer nicht
mehr. Dieses kleine Flugblatt ist gefährlicher als zehn
Kanonen.

DER JUNGE GENOSSE Was steht denn drin?

DER POLIZIST Das weiß ich nicht. *Zum Zweiten:* Was
steht denn drin?

DER ZWEITE Ich kenne das Flugblatt nicht, ich habe es
nicht verteilt.

DER JUNGE GENOSSE Ich weiß, daß er es nicht getan hat.

DER POLIZIST *zum jungen Genossen:* Hast du ihm das
Flugblatt gegeben?

DER JUNGE GENOSSE Nein.

DER POLIZIST *zum Zweiten:* Dann hast du es ihm gegeben.

DER JUNGE GENOSSE *zum Ersten:* Was geschieht mit ihm?

DER ERSTE Er kann erschossen werden.

DER JUNGE GENOSSE Warum willst du ihn erschießen,
Polizist? Bist du nicht auch ein Prolet?

DER POLIZIST *zum Zweiten:* Komm mit. *Schlägt auf seinen Kopf ein.*

1   DER JUNGE GENOSSE *hindert ihn daran:* Er war es nicht.
    DER POLIZIST Dann warst es also doch du!
    DER ZWEITE Er war es nicht!
    DER POLIZIST Dann wart ihr es beide.
5   DER ERSTE Lauf, Mensch, lauf, du hast die Tasche voll
        Flugblätter.
    DER POLIZIST *schlägt den Zweiten nieder.*
    DER JUNGE GENOSSE *zeigt auf den Polizisten. Zum Er-
        sten:* Jetzt hat er einen Unschuldigen erschlagen, du
10   bist Zeuge.
    DER ERSTE *greift den Polizisten an:* Du gekaufter Hund.
        *Der Polizist zieht den Revolver. Der junge Genosse
        faßt den Polizisten von hinten am Hals, der erste Kuli
        biegt ihm den Arm langsam nach hinten. Der Schuß
15   geht los, der Polizist wird entwaffnet.*
    DER JUNGE GENOSSE *schreit:* Zu Hilfe, Genossen! Zu
        Hilfe! Hier werden Unbeteiligte erschlagen!

DER JUNGE GENOSSE *hindert ihn daran:* Er war es nicht.   1
DER POLIZIST Dann warst es also doch du!
DER ZWEITE Er war es nicht!
DER POLIZIST Dann wart ihr es beide.
DER ERSTE Lauf, Mensch, lauf, du hast die Tasche voll   5
  Flugblätter.
DER POLIZIST *schlägt den Zweiten nieder.*
DER JUNGE GENOSSE *zeigt auf den Polizisten. Zum Er-*
  sten: Jetzt hat er einen Unschuldigen erschlagen, du
  bist Zeuge.   10
DER ERSTE *greift den Polizisten an:* Du gekaufter Hund.
  Der Polizist zieht den Revolver. Der junge Genosse
  faßt den Polizisten von hinten am Hals, der erste Kuli
  biegt ihm den Arm langsam nach hinten. Der Schuß
  geht los, der Polizist wird entwaffnet.   15
DER JUNGE GENOSSE *schreit:* Zu Hilfe, Genossen! Zu
  Hilfe! Hier werden Unbeteiligte erschlagen!
DER ZWEITE KULI *aufstehend zum Ersten:* Jetzt haben
  wir einen Polizisten niedergeschlagen und können
  morgen nicht mehr in den Betrieb und *zum jungen Ge-*   20
  nossen: du bist schuld.
DER JUNGE GENOSSE Wenn ihr in den Betrieb geht, ver-
  ratet ihr eure Genossen.
DER ZWEITE KULI Ich habe eine Frau und drei Kinder,
  und als ihr herausgingt und streiktet, hat man uns die   25
  Löhne erhöht. Hier, ich hatte doppelte Löhnung! *Er*
  zeigt das Geld.
DER JUNGE GENOSSE *schlägt dem Kuli das Geld aus der*
  Hand: Schämt euch, ihr gekauften Hunde!
  Der erste Kuli springt ihm an den Hals, während der   30
  zweite sein Geld aufliest. Der junge Genosse schlägt
  den Angreifer mit dem Gummiknüppel nieder.
DER ZWEITE KULI *schreit:* Hilfe! Hier sind Hetzer!

1 DIE VIER AGITATOREN Und sofort kamen die Arbeiter
aus den Fabriken gelaufen, um gegen die Polizeigewalt
zu demonstrieren. So entstand der Streik der Textilarbeiter; aber der Kuliverband verlangte die Bestrafung
5 des Polizisten, und der Polizist wurde bestraft; der
Streik aber war abgebrochen für lange Zeit, und die
Wachen wurden verstärkt in den Fabriken. Alle sprachen von der Ermordung des Unschuldigen, aber wir
wurden verjagt aus den Fabriken.

10

DISKUSSION

DER KONTROLLCHOR Aber ist es nicht richtig, gerecht zu
handeln und immer zu bekämpfen die Ungerechtig-
15 keit, wo immer sie vorkommt?
DIE VIER AGITATOREN Um die große Ungerechtigkeit zu
erhalten, wurde die kleine Gerechtigkeit gewährt. Aber
uns wurde der große Streik aus den Händen geschla-
gen.

20

DER KONTROLLCHOR Wir sind einverstanden.

DIE VIER AGITATOREN Und sofort kamen die Arbeiten- 1
den aus dem Betrieb und vertrieben die Streikposten.

10

DISKUSSION

DER KONTROLLCHOR Was hätte der junge Genosse tun
können?

15

DIE VIER AGITATOREN Er hätte den Kulis sagen können,
daß sie sich gegen die Polizei nur verteidigen konnten,
wenn sie erreichten, daß die anderen Arbeiter in dem
Betrieb sich mit ihnen gegen die Polizei solidarisch er-
klärten. Denn der Polizist hatte eine Ungerechtigkeit 20
begangen.
DER KONTROLLCHOR Wir sind einverstanden.

1   5

WAS IST EIGENTLICH EIN MENSCH?

DIE VIER AGITATOREN Wir kämpften täglich mit den al-
5   ten Verbänden, der Hoffnungslosigkeit und der Unter-
    werfung; wir lehrten die Arbeiter, den Kampf um den
    besseren Lohn in den Kampf um die Macht zu verwan-
    deln. Lehrten sie Waffengebrauch und die Art, in den
    Straßen zu kämpfen. Dann hörten wir, daß die Kauf-
10 leute der Zölle wegen einen Streit hatten mit den Eng-
    ländern, die die Stadt beherrschten. Um den Streit
    unter den Herrschenden auszunutzen für die Be-
    herrschten, schickten wir den jungen Genossen mit ei-
    nem Brief zu dem reichsten der Kaufleute. Darin stand:
15 Bewaffne die Kulis! Dem jungen Genossen sagten wir:
    Gewinne sein Vertrauen. Aber als das Essen auf den
    Tisch kam, schwieg er nicht. Wir zeigen es.

DIE DREI AGITATOREN Du hast versagt in den Spinne-
20 reien.
DER JUNGE GENOSSE Ja.
DIE DREI AGITATOREN Hast du gelernt daraus?
DER JUNGE GENOSSE Ja.
DIE DREI AGITATOREN Wirst du die Waffen bringen von
25 den Kaufleuten?
DER JUNGE GENOSSE Ja.
    Ein Agitator als Händler.
DER HÄNDLER Ich bin der Händler. Ich erwarte einen
    Brief vom Kuliverband über eine gemeinsame Aktion
30 gegen die Engländer.
DER JUNGE GENOSSE Hier ist der Brief vom Kuliverband.
DER HÄNDLER Ich lade dich ein, mit mir zu essen.
DER JUNGE GENOSSE Es ist eine Ehre für mich, mit Ihnen
34 essen zu dürfen.

5   1
WAS IST EIGENTLICH EIN MENSCH?

DIE VIER AGITATOREN Wir kämpften täglich mit den alten Verbänden, der Hoffnungslosigkeit und der Unter-   5
werfung; wir lehrten die Arbeiter, den Kampf um den
besseren Lohn in den Kampf um die Macht zu verwan-
deln. Lehrten sie Waffengebrauch und die Art, in den
Straßen zu kämpfen. Dann hörten wir, daß die Kaufleute der Zölle wegen einen Streit hatten mit den Eng- 10
ländern, die die Stadt beherrschten. Um den Streit
unter den Herrschenden auszunutzen für die Beherrschten, schickten wir den jungen Genossen mit einem Brief zu dem reichsten der Kaufleute. Darin stand:
Bewaffne die Kulis! Dem jungen Genossen sagten wir: 15
Verhalte dich so, daß du die Waffen bekommst. Aber
als das Essen auf den Tisch kam, schwieg er nicht. Wir
zeigen es.

Ein Agitator als Händler.
DER HÄNDLER Ich bin der Händler. Ich erwarte einen
Brief vom Kuliverband über eine gemeinsame Aktion
gegen die Engländer.   30
DER JUNGE GENOSSE Hier ist der Brief vom Kuliverband.
DER HÄNDLER Ich lade dich ein, mit mir zu essen.
DER JUNGE GENOSSE Es ist eine Ehre für mich, mit Ihnen
essen zu dürfen.   34

DER HÄNDLER Während das Essen zubereitet wird, will ich dir meine Ansicht über Kulis mitteilen. Setze dich bitte hierhin.

DER JUNGE GENOSSE Ich interessiere mich sehr für Ihre Ansicht.

DER HÄNDLER Warum bekomme ich alles billiger als ein anderer? Und warum arbeitet ein Kuli für mich fast umsonst?

DER JUNGE GENOSSE Ich weiß es nicht.

DER HÄNDLER Weil ich ein kluger Mann bin. Ihr seid auch kluge Leute, denn ihr versteht es, von den Kulis Gehälter zu bekommen.

DER JUNGE GENOSSE Wir verstehen es. – Werden Sie übrigens die Kulis gegen die Engländer bewaffnen?

DER HÄNDLER Vielleicht, vielleicht. Ich weiß, wie man einen Kuli behandelt. Du mußt einem Kuli so viel Reis geben, daß er nicht gerade stirbt, sonst kann er nicht für dich arbeiten. Ist das richtig?

DER JUNGE GENOSSE Ja, das ist richtig.

DER HÄNDLER Ich aber sage: Nein, wenn die Kulis billiger sind als der Reis, kann ich einen neuen Kuli nehmen. Ist das richtiger?

DER JUNGE GENOSSE Ja, das ist richtiger. – Wann werden Sie übrigens die ersten Waffen in den unteren Stadtteil schicken?

DER HÄNDLER Bald, bald. Du müßtest sehen, wie die Kulis, die mein Leder verladen, in der Kantine meinen Reis kaufen.

DER JUNGE GENOSSE Ich müßte es sehen.

DER HÄNDLER Was meinst du, zahle ich viel für die Arbeit?

DER JUNGE GENOSSE Nein, aber Ihr Reis ist teuer, und die Arbeit muß eine gute sein, aber Ihr Reis ist ein schlechter.

DER HÄNDLER Während das Essen zubereitet wird, will
    ich dir meine Ansicht über Kulis mitteilen. Setze dich
    bitte hierhin.

DER JUNGE GENOSSE Ich interessiere mich sehr für Ihre
    Ansicht.

DER HÄNDLER Warum bekomme ich alles billiger als ein
    anderer? Und warum arbeitet ein Kuli für mich fast
    umsonst?

DER JUNGE GENOSSE Ich weiß es nicht.

DER HÄNDLER Weil ich ein kluger Mann bin. Ihr seid
    auch kluge Leute, denn ihr versteht es, von den Kulis
    Gehälter zu bekommen.

DER JUNGE GENOSSE Wir verstehen es. – Werden Sie üb-
    rigens die Kulis gegen die Engländer bewaffnen?

DER HÄNDLER Vielleicht, vielleicht. Ich weiß, wie man
    einen Kuli behandelt. Du mußt einem Kuli so viel Reis
    geben, daß er nicht gerade stirbt, sonst kann er nicht für
    dich arbeiten. Ist das richtig?

DER JUNGE GENOSSE Ja, das ist richtig.

DER HÄNDLER Ich aber sage: Nein, wenn die Kulis billi-
    ger sind als der Reis, kann ich einen neuen Kuli neh-
    men. Ist das richtiger?

DER JUNGE GENOSSE Ja, das ist richtiger. – Wann werden
    Sie übrigens die ersten Waffen in den unteren Stadtteil
    schicken?

DER HÄNDLER Bald, bald. Du müßtest sehen, wie die Ku-
    lis, die mein Leder verladen, in der Kantine meinen
    Reis kaufen.

DER JUNGE GENOSSE Ich müßte es sehen.

DER HÄNDLER Was meinst du, zahle ich viel für die Ar-
    beit?

DER JUNGE GENOSSE Nein, aber Ihr Reis ist teuer, und
    die Arbeit muß eine gute sein, aber Ihr Reis ist ein
    schlechter.

1 DER HÄNDLER Ihr seid kluge Leute.

  DER JUNGE GENOSSE Und wann werden Sie die Kulis gegen die Engländer bewaffnen?

  DER HÄNDLER Nach dem Essen können wir das Waffen-
5 lager besichtigen. Ich singe dir jetzt mein Leiblied vor.

SONG VON ANGEBOT UND NACHFRAGE

Reis gibt es oben am Fluß
10 Unten am Ufer des Meeres brauchen die Leute Reis
Wenn wir den Reis in den Lagern lassen
Wird der Reis für sie teurer.
Die den Reiskahn schleppen, kriegen dann noch
                             weniger Reis
15 Dann wird der Reis für mich noch billiger.
Was ist eigentlich Reis?
Weiß ich, was ein Reis ist?
Weiß ich, wer das weiß!
Ich weiß nicht, was ein Reis ist
20 Ich kenne nur seinen Preis.

Der Winter kommt, die Leute brauchen Kleider
Da muß man Baumwolle kaufen
Und die Baumwolle nicht hergeben
25 Wenn die Kälte kommt, werden die Kleider teurer.
Die Baumwollspinnereien zahlen zuviel Lohn.
Es gibt überhaupt zuviel Baumwolle.
Was ist eigentlich Baumwolle?
Weiß ich, was eine Baumwolle ist?
30 Weiß ich, wer das weiß!
Ich weiß nicht, was eine Baumwolle ist
Ich kenne nur ihren Preis.

DER HÄNDLER Ihr seid kluge Leute.   1
DER JUNGE GENOSSE Und wann werden Sie die Kulis ge-
   gen die Engländer bewaffnen?
DER HÄNDLER Nach dem Essen können wir das Waffen-
   lager besichtigen. Ich singe dir jetzt mein Leiblied vor.   5

SONG VON DER WARE

Reis gibt es unten am Flusse
In den obern Provinzen brauchen die Leute Reis   10
Wenn wir den Reis in den Lagern lassen
Wird der Reis für sie teurer.
Die den Reiskahn schleppen, kriegen dann noch
                                            weniger Reis
Dann wird der Reis für mich noch billiger.   15
Was ist eigentlich Reis?
Weiß ich, was ein Reis ist?
Weiß ich, wer das weiß!
Ich weiß nicht, was ein Reis ist
Ich kenne nur seinen Preis.   20

Der Winter kommt, die Leute brauchen Kleider
Da muß man Baumwolle kaufen
Und die Baumwolle nicht hergeben
Wenn die Kälte kommt, werden die Kleider teurer.   25
Die Baumwollspinnereien zahlen zuviel Lohn.
Es gibt überhaupt zuviel Baumwolle.
Was ist eigentlich Baumwolle?
Weiß ich, was eine Baumwolle ist?
Weiß ich, wer das weiß!   30
Ich weiß nicht, was eine Baumwolle ist
Ich kenne nur ihren Preis.

1   So ein Mensch braucht zuviel Fressen
    Dadurch wird der Mensch teurer
    Um das Fressen zu schaffen, braucht man Menschen
    Die Köche machen das Essen billiger, aber
5   Die Esser machen es teurer
    Es gibt überhaupt zuwenig Menschen.
    Was ist eigentlich ein Mensch?
    Weiß ich, was ein Mensch ist?
    Weiß ich, wer das weiß!
10 Ich weiß nicht, was ein Mensch ist
    Ich kenne nur seinen Preis.

Zum jungen Genossen: Und jetzt werden wir meinen
guten Reis essen.

15 DER JUNGE GENOSSE *steht auf:* Ich kann nicht mit Ihnen
    essen.
DIE VIER AGITATOREN Das sagte er, und kein Gelächter
    und keine Drohung brachten ihn dazu, mit dem zu es-
    sen, den er verachtete, und der Händler vertrieb ihn
20 und die Kulis wurden nicht bewaffnet.

DISKUSSION

DER KONTROLLCHOR (Aber) ist es nicht richtig, die Ehre
25 zu stellen über alles?
DIE VIER AGITATOREN Nein.
DER KONTROLLCHOR Wir sind einverstanden.
DER KONTROLLCHOR

30 ÄNDERE DIE WELT, SIE BRAUCHT ES

Mit wem säße der Rechtliche nicht zusammen
Dem Recht zu helfen?
Welche Medizin schmeckte zu schlecht
35 Dem Sterbenden?

So ein Mensch braucht zuviel Fressen   1
Dadurch wird der Mensch teurer
Um das Fressen zu schaffen, braucht man Menschen
Die Köche machen das Essen billiger, aber
Die Esser machen es teurer   5
Es gibt überhaupt zuwenig Menschen.
Was ist eigentlich ein Mensch?
Weiß ich, was ein Mensch ist?
Weiß ich, wer das weiß!
Ich weiß nicht, was ein Mensch ist   10
Ich kenne nur seinen Preis.

Zum jungen Genossen: Und jetzt werden wir meinen
guten Reis essen.
DER JUNGE GENOSSE *steht auf:* Ich kann nicht mit Ihnen   15
essen.
DIE VIER AGITATOREN Das sagte er, und kein Gelächter
und keine Drohung brachten ihn dazu, mit dem zu essen, den er verachtete, und der Händler vertrieb ihn
und die Kulis wurden nicht bewaffnet.   20

DISKUSSION

DER KONTROLLCHOR Aber ist es nicht richtig, die Ehre
zu stellen über alles?   25
DIE VIER AGITATOREN Nein.

DER KONTROLLCHOR

ÄNDERE DIE WELT, SIE BRAUCHT ES   30

Mit wem säße der Rechtliche nicht zusammen
Dem Recht zu helfen?
Welche Medizin schmeckte zu schlecht
Dem Sterbenden?   35

1   Welche Niedrigkeit begingest du nicht, um
     Die Niedrigkeit auszutilgen?
     Könntest du die Welt endlich verändern, wofür
     Wärest du dir zu gut?

5
     Versinke in Schmutz
     Umarme den Schlächter, aber
     Ändere die Welt: sie braucht es!
     Wer bist du?
10   Stinkend verschwinde aus
     Dem gesäuberten Raum! Wärest du
     Doch der letzte Schmutz, den du
     Entfernen mußt!

     DIE VIER AGITATOREN Dennoch gelang es uns in diesen
15   Tagen, vor den Gewehrläufen der Unternehmer das
     Netz der Partei zu knüpfen.

Welche Niedrigkeit begingest du nicht, um   1
Die Niedrigkeit auszutilgen?
Könntest du die Welt endlich verändern, wofür
Wärest du dir zu gut?
Wer bist du?   5
Versinke in Schmutz
Umarme den Schlächter, aber
Ändere die Welt: sie braucht es!
Lange nicht mehr hören wir euch zu als
Urteilende. Schon   10
Als Lernende.

DIE VIER AGITATOREN Kaum auf der Treppe, erkannte
der junge Genosse seinen Fehler und stellte uns an-   15
heim, ihn über die Grenze zurückzuschicken. Wir sahen klar seine Schwäche, aber wir brauchten ihn noch,
denn er hatte einen großen Anhang in den Jugendver-
bänden und er half uns viel in diesen Tagen, vor den
Gewehrläufen der Unternehmer das Netz der Partei zu   20
knüpfen.

6

EMPÖRUNG GEGEN DIE LEHRE

DIE VIER AGITATOREN In dieser Woche nahmen die Ver-
folgungen außerordentlich zu. Wir hatten nur mehr ein
verstecktes Zimmer für die Setzmaschine und die Flug-
schriften. Aber am Abend des dritten Tages unter Gefahr unsere Zufluchtsstätte erreichend, trat uns aus der
Tür der junge Genosse entgegen. Und es standen Säcke
vor dem Haus im Regen. Wir wiederholen das Gespräch.

DIE DREI AGITATOREN Was sind das für Säcke?
DER JUNGE GENOSSE Das sind unsere Propagandaschriften.
DIE DREI AGITATOREN Was soll mit denen geschehen?
DER JUNGE GENOSSE Ich muß euch etwas mitteilen: die
neuen Führer der Arbeitslosen sind heute hierherge-
kommen und haben mich überzeugt, daß wir sogleich
mit der Aktion beginnen müssen. Wir wollen die Propagandaschriften verteilen. Wir haben sofort zum Generalstreik aufgerufen.
DIE DREI AGITATOREN Jetzt hast du uns viermal verraten.

DER JUNGE GENOSSE Das Elend wird größer und die Un-
ruhe wächst in der Stadt.
DIE DREI AGITATOREN Die Unwissenden fangen an, ihre
Lage zu erkennen.
DER JUNGE GENOSSE Die Arbeitslosen haben unsere
Lehre angenommen.
DIE DREI AGITATOREN Die Unterdrückten werden klas-
senbewußt.

6

DER VERRAT

DIE VIER AGITATOREN In dieser Woche nahmen die Ver-
folgungen außerordentlich zu. Wir hatten nur mehr ein
verstecktes Zimmer für die Setzmaschine und die Flug-
schriften. Aber eines Morgens kam es zu starken Hun-
gerunruhen in der Stadt und auch vom flachen Lande
kamen Nachrichten über starke Unruhen. Am Abend
des dritten Tages unter Gefahr unsere Zufluchtsstätte
erreichend, trat uns aus der Tür der junge Genosse entgegen. Und es standen Säcke vor dem Haus im Regen.
Wir wiederholen das Gespräch.

DIE DREI AGITATOREN Was sind das für Säcke?

DER JUNGE GENOSSE Das sind unsere Propagandaschriften.

DIE DREI AGITATOREN Was soll mit denen geschehen?

DER JUNGE GENOSSE Ich muß euch etwas mitteilen: die
neuen Führer der Arbeitslosen sind heute hierherge-
kommen und haben mich überzeugt, daß wir sogleich
mit der Aktion beginnen müssen. Wir wollen also die
Propagandaschriften verteilen und die Kasernen stürmen.

DIE DREI AGITATOREN Dann hast du ihnen den falschen
Weg gezeigt. Aber nenne uns deine Gründe und versuche, uns zu überzeugen!

DER JUNGE GENOSSE Das Elend wird größer und die Un-
ruhe wächst in der Stadt.

DIE DREI AGITATOREN Die Unwissenden fangen an, ihre
Lage zu erkennen.

DER JUNGE GENOSSE Die Arbeitslosen haben unsere
Lehre angenommen.

DIE DREI AGITATOREN Die Unterdrückten werden klas-
senbewußt.

DER JUNGE GENOSSE Sie gehen auf die Straße und wollen
die Spinnereien demolieren.

DIE DREI AGITATOREN Die Wege zur Revolution zeigen
sich. Unsere Verantwortung wird größer. Und da
stellst du die Propagandaschriften vor die Tür, daß jeder sie sehen kann.

DER JUNGE GENOSSE
Die Arbeitslosen können nicht mehr warten und ich
Kann auch nicht mehr warten
Es gibt zu viele Elende.

DIE DREI AGITATOREN Aber Kämpfer gibt es noch zu
wenige.

DER JUNGE GENOSSE Ihre Leiden sind ungeheuerlich.

DIE DREI AGITATOREN Es genügt nicht, zu leiden.

DER JUNGE GENOSSE Hier, bei uns drinnen, sind sieben,
die im Auftrag der Arbeitslosen zu uns gekommen
sind, hinter ihnen stehen siebentausend, und sie wissen:
das Unglück wächst nicht wie auf der Brust der Aus-
satz; die Armut fällt nicht von den Dächern wie der
Dachziegel; sondern Unglück und Armut sind Men-
schenwerk; der Mangel wird für sie gekocht, aber ihr
Jammern wird verzehrt als Speise. Sie wissen alles.

DIE DREI AGITATOREN Wissen sie, wieviel Regimenter
die Regierung hat?

DER JUNGE GENOSSE Nein.

DIE DREI AGITATOREN Dann wissen sie zu wenig. Wo
sind eure Waffen?

DER JUNGE GENOSSE *er zeigt die Hände:* Wir werden mit
Zähnen und Nägeln kämpfen.

DIE DREI AGITATOREN Das reicht nicht aus. Höre also,
daß wir auf Befehl der Partei mit dem Kuliverband,
welcher die Massen der Arbeiter führt, über die Lage
gesprochen und beschlossen haben, mit der bewaffne-
ten Aktion zu warten, bis die Delegierten der Bauern-
verbände in der Stadt eingetroffen sind.

DER JUNGE GENOSSE Sie gehen auf die Straße und wollen
die Spinnereien demolieren.

DIE DREI AGITATOREN Die Erfahrung der Revolution
fehlt ihnen. Unsere Verantwortung wird um so größer.

DER JUNGE GENOSSE

Die Arbeitslosen können nicht mehr warten und ich
Kann auch nicht mehr warten
Es gibt zu viele Elende.

DIE DREI AGITATOREN Aber Kämpfer gibt es noch zu
wenige.

DER JUNGE GENOSSE Ihre Leiden sind ungeheuerlich.

DIE DREI AGITATOREN Es genügt nicht, zu leiden.

DER JUNGE GENOSSE Hier, bei uns drinnen, sind sieben,
die im Auftrag der Arbeitslosen zu uns gekommen
sind, hinter ihnen stehen siebentausend, und sie wissen:
das Unglück wächst nicht wie auf der Brust der Aus-
satz; die Armut fällt nicht von den Dächern wie der
Dachziegel; sondern Unglück und Armut sind Men-
schenwerk; der Mangel wird für sie gekocht, aber ihr
Jammern wird verzehrt als Speise. Sie wissen alles.

DIE DREI AGITATOREN Wissen sie, wieviel Regimenter
die Regierung hat?

DER JUNGE GENOSSE Nein.

DIE DREI AGITATOREN Dann wissen sie zu wenig. Wo
sind eure Waffen?

DER JUNGE GENOSSE *er zeigt die Hände:* Wir werden mit
Zähnen und Nägeln kämpfen.

DIE DREI AGITATOREN Das reicht nicht aus. Du siehst
nur das Elend der Arbeitslosen, aber nicht das Elend
der Arbeitenden. Du siehst nur die Stadt, aber nicht die
Bauern des flachen Lands. Du siehst die Soldaten
nur als Unterdrückende und nicht als unterdrückende

DER JUNGE GENOSSE So hört, was ich sage: Mit meinen
zwei Augen sehe ich, daß das Elend nicht warten kann.
20 Wie leicht, wenn wir nichts tun, verlaufen sie sich und
gehen heim. Darum widersetze ich mich eurem Beschluß zu warten.

DIE DREI AGITATOREN
Sieh nicht nur mit deinen Augen!
25 Der einzelne hat zwei Augen
Die Partei hat tausend Augen.
Die Partei sieht sieben Staaten
Der einzelne sieht eine Stadt.
Der einzelne hat seine Stunde
30 Aber die Partei hat viele Stunden.
Der einzelne kann vernichtet werden
Aber die Partei kann nicht vernichtet werden.
Denn sie beruht auf der Lehre der Klassiker
34 Welche geschöpft ist aus der Kenntnis der Wirklichkeit

Elende in Uniform. Geh also zu den Arbeitslosen, wi-
derrufe deinen Rat, die Kasernen zu stürmen, und
überzeuge sie, daß sie heute abend an der Demonstra-
tion der Arbeiter aus den Betrieben teilnehmen sollen,
und wir werden die unzufriedenen Soldaten zu überzeugen versuchen, daß sie in Uniform ebenfalls mit uns
demonstrieren.

DER JUNGE GENOSSE Ich habe die Arbeitslosen daran er-
innert, wie oft die Soldaten auf sie geschossen haben.
Soll ich ihnen jetzt sagen, daß sie mit Mördern demonstrieren sollen?

DIE DREI AGITATOREN Ja, denn die Soldaten können erkennen, daß es falsch war, auf die Elenden ihrer eigenen
Klasse zu schießen. Erinnere dich doch an den klassi-
schen Rat des Genossen Lenin, nicht alle Bauern als
Klassenfeinde zu betrachten, sondern die Dorfarmut
als Mitkämpfer zu gewinnen.

1   Und bestimmt ist, sie zu verändern, indem sie,
                                                    die Lehre
     Die Massen ergreift.
     DER JUNGE GENOSSE So frage ich: dulden die Klassiker,
5   daß das Elend wartet?
     DIE DREI AGITATOREN Sie sprechen nicht von Mitleid,
     sondern von der Tat, die das Mitleid abschafft.
     DER JUNGE GENOSSE Dann sind die Klassiker also nicht
     dafür, daß jedem Elenden gleich und sofort und vor al-
10   lem geholfen wird?
     DIE DREI AGITATOREN Nein.
     DER JUNGE GENOSSE Dann sind die Klassiker Dreck, und
     ich zerreiße sie; denn der Mensch, der lebendige, brüllt,
     und sein Elend zerreißt alle Dämme der Lehre. Darum
15   mache ich jetzt die Aktion, jetzt und sofort; denn ich
     brülle und ich zerreiße die Dämme der Lehre. *Er zer-
     reißt die Schriften.*
     DIE DREI AGITATOREN
     Zerreiße sie nicht! Wir brauchen sie
20   Jede einzelne. Sieh doch die Wirklichkeit!
     Deine Revolution ist schnell gemacht und dauert
                                                    einen Tag
     Und ist morgen abgewürgt.
     Aber unsere Revolution beginnt morgen
25   Siegt und verändert die Welt.
     Deine Revolution hört auf, wenn du aufhörst.
     Wenn du aufgehört hast
     Geht unsere Revolution weiter.

DER JUNGE GENOSSE So frage ich: dulden die Klassiker,
daß das Elend wartet?

DIE DREI AGITATOREN Sie sprechen von Methoden, welche das Elend in seiner Gänze erfassen.

DER JUNGE GENOSSE Dann sind die Klassiker also nicht
dafür, daß jedem Elenden gleich und sofort und vor allem geholfen wird?

DIE DREI AGITATOREN Nein.

DER JUNGE GENOSSE Dann sind die Klassiker Dreck, und
ich zerreiße sie; denn der Mensch, der lebendige, brüllt,
und sein Elend zerreißt alle Dämme der Lehre. Darum
mache ich jetzt die Aktion, jetzt und sofort; denn ich
brülle und ich zerreiße die Dämme der Lehre. *Er zerreißt die Schriften.*

DIE DREI AGITATOREN
Zerreiße sie nicht! Wir brauchen sie
Jede einzelne. Sieh doch die Wirklichkeit!
Deine Revolution ist schnell gemacht und dauert
einen Tag
Und ist morgen abgewürgt.
Aber unsere Revolution beginnt morgen
Siegt und verändert die Welt.
Deine Revolution hört auf, wenn du aufhörst.
Wenn du aufgehört hast
Geht unsere Revolution weiter.

DER JUNGE GENOSSE Hört, was ich sage: mit meinen
zwei Augen sehe ich, daß das Elend nicht warten kann.
Darum widersetze ich mich eurem Beschluß zu warten.

DIE DREI AGITATOREN Du hast uns nicht überzeugt. Geh
also zu den Arbeitslosen und überzeuge sie, daß sie sich

in die Front der Revolution eingliedern müssen. Dazu   1
fordern wir dich jetzt auf im Namen der Partei.

DER JUNGE GENOSSE

    Wer aber ist die Partei?

    Sitzt sie in einem Haus mit Telefonen?   5

    Sind ihre Gedanken geheim, ihre Entschlüsse

                               unbekannt?

    Wer ist sie?

DIE DREI AGITATOREN

    Wir sind sie.   10

    Du und ich und ihr – wir alle.

    In deinem Anzug steckt sie, Genosse, und denkt in

                              deinem Kopf

    Wo ich wohne, ist ihr Haus, und wo du angegriffen

                          wirst, da kämpft sie.   15

    Zeige uns den Weg, den wir gehen sollen, und wir

    Werden ihn gehen wie du, aber

    Gehe nicht ohne uns den richtigen Weg

    Ohne uns ist er

    Der falscheste.   20

    Trenne dich nicht von uns!

    Wir können irren und du kannst recht haben, also

    Trenne dich nicht von uns!

                                                              25

    Daß der kurze Weg besser ist wie der lange, das

                              leugnet keiner

    Aber wenn ihn einer weiß

    Und vermag ihn uns nicht zu zeigen, was nützt uns

                          seine Weisheit?   30

    Sei weise bei uns!

    Trenne dich nicht von uns!

DER JUNGE GENOSSE Weil ich recht habe, kann ich nicht
nachgeben. Mit meinen zwei Augen sehe ich, daß das
Elend nicht warten kann.   35

1   DER KONTROLLCHOR

        LOB DER PARTEI

5   Denn der einzelne hat zwei Augen
     Die Partei hat tausend Augen.
     Die Partei sieht sieben Staaten
     Der einzelne sieht eine Stadt.
     Der einzelne hat seine Stunde
10   Aber die Partei hat viele Stunden.
     Der einzelne kann vernichtet werden
     Aber die Partei kann nicht vernichtet werden
     Denn sie beruht auf der Lehre der Klassiker
     Welche geschöpft ist aus der Kenntnis der Wirklichkeit
15   Und bestimmt ist, sie zu verändern, indem sie,
                                           die Lehre
     Die Massen ergreift.

     DER JUNGE GENOSSE Alles das gilt nicht mehr; im An-
20   blick des Kampfes verwerfe ich alles, was gestern noch
     galt, kündige alles Einverständnis mit allen, tue das al-
     lein Menschliche. Hier ist eine Aktion. Ich stelle mich
     an ihre Spitze. Mein Herz schlägt für die Revolution.
     Hier ist sie.   see page 12.
25   DIE DREI AGITATOREN Schweig!
     DER JUNGE GENOSSE Der Anblick des Unrechts trieb
     mich in die Reihen der Kämpfer. Hier ist Unrecht.
     DIE DREI AGITATOREN Schweig!
     DER JUNGE GENOSSE Hier ist Unterdrückung. Ich bin für
30   die Freiheit!
     DIE DREI AGITATOREN Schweig! Du verrätst uns!

     DER JUNGE GENOSSE
34   Ich sah zuviel.

DER KONTROLLCHOR   1

LOB DER PARTEI

Denn der einzelne hat zwei Augen   5
Die Partei hat tausend Augen.
Die Partei sieht sieben Staaten
Der einzelne sieht eine Stadt.
Der einzelne hat seine Stunde
Aber die Partei hat viele Stunden.   10
Der einzelne kann vernichtet werden
Aber die Partei kann nicht vernichtet werden
Denn sie ist der Vortrupp der Massen
Und führt ihren Kampf
Mit den Methoden der Klassiker, welche   15
                                        geschöpft sind
Aus der Kenntnis der Wirklichkeit.

DER JUNGE GENOSSE Alles das gilt nicht mehr; im Anblick des Kampfes verwerfe ich alles, was gestern noch   20
galt, kündige alles Einverständnis mit allen, tue das al-
lein Menschliche. Hier ist eine Aktion. Ich stelle mich
an ihre Spitze. Mein Herz schlägt für die Revolution.
Hier ist sie.
DIE DREI AGITATOREN Schweig!   25
DER JUNGE GENOSSE Hier ist Unterdrückung. Ich bin für
die Freiheit!
DIE DREI AGITATOREN Schweig! Du verrätst uns!
DER JUNGE GENOSSE Ich kann nicht schweigen, weil ich
recht habe.   30
DIE DREI AGITATOREN Ob du recht oder unrecht hast –
wenn du sprichst, sind wir verloren! Schweig!
DER JUNGE GENOSSE
Ich sah zuviel.   34

1　　Darum trete ich vor sie hin
　　　Als der, der ich bin, und sage, was ist.
　　　Er nimmt die Maske ab.
　　　Wir sind gekommen, euch zu helfen
5　　Wir kommen aus Moskau.
　　　Er zerreißt die Maske.
　　DIE DREI AGITATOREN
　　　Und wir sahen hin, und in der Dämmerung
　　　Sahen wir sein nacktes Gesicht
10　　Menschlich, offen und arglos. Er hatte
　　　Die Maske zerrissen.
　　　Und aus den Häusern
　　　Schrien die Ausgebeuteten: Wer
　　　Stört den Schlaf der Armen?
15　　Und ein Fenster öffnete sich und eine Stimme schrie:
　　　Hier sind Fremde! Jagt die Hetzer!
　　　So waren wir kenntlich!
　　　Und in dieser Stunde hörten wir, daß es Unruhen gäbe
　　　Im unteren Stadtteil, und die Unwissenden warteten
20　　　　　　　　　　　　　　　　　　　　in den
　　　Versammlungshäusern und die Unbewaffneten in
　　　　　　　　　　　　　　　　　　den Straßen.

　　　Und wir schlugen ihn nieder
25　　Hoben ihn auf und verließen in Eile die Stadt.

Darum trete ich vor sie hin   1
Als der, der ich bin, und sage, was ist.
Er nimmt die Maske ab und schreit:
Wir sind gekommen, euch zu helfen
Wir kommen aus Moskau.   5
Er zerreißt die Maske.
DIE DREI AGITATOREN
Und wir sahen hin, und in der Dämmerung
Sahen wir sein nacktes Gesicht
Menschlich, offen und arglos. Er hatte   10
Die Maske zerrissen.
Und aus den Häusern
Schrien die Ausgebeuteten: Wer
Stört den Schlaf der Armen?
Und ein Fenster öffnete sich und eine Stimme schrie: 15
Hier sind Fremde! Jagt die Hetzer!
So waren wir kenntlich!
Und in dieser Stunde hörten wir, daß es Unruhen gäbe
Im unteren Stadtteil, und die Unwissenden warteten
                                                     in den   20
Versammlungshäusern und die Unbewaffneten in
                                                    den Straßen.
Er aber hörte nicht auf zu brüllen.
Und wir schlugen ihn nieder
Hoben ihn auf und verließen in Eile die Stadt.   25

7

Äusserste Verfolgung und Analyse

DER KONTROLLCHOR
Sie verließen die Stadt!
Die Unruhen wachsen in der Stadt
Aber die Führung flieht über die Stadtgrenze.
Eure Maßnahme!

DIE VIER AGITATOREN Wartet ab! Als wir auf der Flucht
in die Nähe der Kalkgruben vor der Stadt kamen, sahen
wir hinter uns unsere Verfolger.

DER KONTROLLCHOR
Sie laufen wie Rennpferde!
Die Betriebsräte kommen um Rat in die Zentrale
Aber auf den Propagandaschriften schlafen die
                                        Obdachlosen.
Eure Maßnahme!

DIE VIER AGITATOREN
Wartet ab!
Ja, auch jetzt noch
Halfen wir ihm: eine Strecke lang, bis zu den
Kalkgruben.

DER KONTROLLCHOR
Die Massen warten in den Versammlungshäusern
Aber die Redner laufen über die Kalkberge!
Eine Maßnahme!

DIE VIER AGITATOREN
Wartet ab!
Es ist leicht, das Richtige zu wissen
Fern vom Schuß
Wenn man Monate Zeit hat
Aber wir
Hatten zehn Minuten Zeit und
Dachten nach vor den Gewehrläufen

7
ÄUSSERSTE VERFOLGUNG UND ANALYSE

DER KONTROLLCHOR
Sie verließen die Stadt! 5
Die Unruhen wachsen in der Stadt
Aber die Führung flieht über die Stadtgrenze.
Eure Maßnahme!

DIE VIER AGITATOREN
Wartet ab!
Es ist leicht, das Richtige zu wissen
Fern vom Schuß 30
Wenn man Monate Zeit hat
Aber wir
Hatten zehn Minuten Zeit und
Dachten nach vor den Gewehrläufen. 34

¹   Und mußten sehen das Gesicht des Unglücklichen
     Unseres Genossen.

⁵

     DER KONTROLLCHOR
     Eure Maßnahme! Eure Maßnahme!
     DIE VIER AGITATOREN
     Wartet ab!
¹⁰   Wie das Tier dem Tiere hilft
     Wünschten auch wir uns, ihm zu helfen, der
     Mit uns gekämpft für unsere Sache.
     DER KONTROLLCHOR
     In den Zeiten äußerster Verfolgung und der
¹⁵   Verwirrung der Theorie
     Zeichnen die Kämpfer das Schema der Lage
     Abzuwägen Einsatz und Möglichkeit.
     DIE VIER AGITATOREN
     Wir taten es.

²⁰
     DIE ANALYSE

     ERSTER AGITATOR Die Massen sind auf der Straße (sagten
     wir).
²⁵   ZWEITER AGITATOR Aber wir müssen sie in die Ver-
     sammlungen bringen.
     DRITTER AGITATOR Denn sonst wissen sie nicht, was sie
     tun sollen, und verlaufen sich, vor die Delegierten der
     Bauernverbände in der Stadt eingetroffen sind.
³⁰   ZWEITER AGITATOR Also können wir unseren Genossen
     nicht über die Grenze bringen.
     DRITTER AGITATOR Wenn wir ihn aber verstecken und er
     kommt wieder: was geschieht, wenn er erkannt wird?
³⁴   ERSTER AGITATOR Es liegen Kanonenboote bereit auf

Als wir auf der Flucht in die Nähe der Kalkgruben vor 1
der Stadt kamen, sahen wir hinter uns unsere Verfolger.
Unser junger Genosse öffnete die Augen, erfuhr, was
geschehen war, sah ein, was er getan hatte, und sagte:
Wir sind verloren. 5

DER KONTROLLCHOR
Eure Maßnahme!

In den Zeiten äußerster Verfolgung und der
                          Verwirrung der Theorie 15
Zeichnen die Kämpfer das Schema der Lage
Abzuwägen Einsatz und Möglichkeit.

20

DIE VIER AGITATOREN Wir wiederholen die Analyse.

ERSTER AGITATOR Wir müssen ihn über die Grenze
schaffen, sagten wir.
ZWEITER AGITATOR Aber die Massen sind auf der Straße. 25

DRITTER AGITATOR Und wir müssen sie in die Versamm-
lungen bringen.

ERSTER AGITATOR Also können wir unsern Genossen 30
nicht über die Grenze schaffen.
DRITTER AGITATOR Wenn wir ihn aber verstecken und er
wird gefunden, was geschieht, da er erkannt ist?
ERSTER AGITATOR Es liegen Kanonenboote bereit auf 34

1   den Flüssen und Panzerzüge stehen auf den Bahndäm-
     men, um uns anzugreifen, wenn einer von uns dort ge-
     sehen wird. Er darf nicht gesehen werden.

5 DIE VIER AGITATOREN
     Wenn man uns trifft, wo immer es sei
     Schreit man: Die Herrschenden
     Sollen vernichtet werden!
     Und die Kanonen gehen los.

10
     Denn wenn der Hungernde
     Stöhnend zurückschlägt
     Haben wir ihn bezahlt
     Daß er stöhnt und zurückschlägt.
15 DER KONTROLLCHOR
     Auf unserer Stirne steht
     Daß wir gegen die Ausbeutung sind.
     Auf unserm Steckbrief steht: Diese
     Sind für die Unterdrückten!

20
     Wer den Verzweifelten hilft
     Der ist der Abschaum der Welt.
     Wir sind der Abschaum der Welt
     Wir dürfen nicht gefunden werden.

den Flüssen und Panzerzüge stehen auf den Bahndämmen, um uns anzugreifen, wenn einer von uns dort gesehen wird. Er darf nicht gesehen werden.

DER KONTROLLCHOR

Wenn man uns trifft, wo immer es sei
Schreit man: Die Herrschenden
Sollen vernichtet werden!
Und die Kanonen gehen los.

Denn wenn der Hungernde
Stöhnend zurückschlägt den Peiniger
Haben wir ihn bezahlt
Daß er stöhnt und zurückschlägt.

Auf unserer Stirne steht
Daß wir gegen die Ausbeutung sind.
Auf unserm Steckbrief steht: Diese
Sind für die Unterdrückten!

Wer den Verzweifelten hilft
Der ist der Abschaum der Welt.
Wir sind der Abschaum der Welt
Wir dürfen nicht gefunden werden.

1   8
    ## Die Grablegung

    DIE DREI AGITATOREN
5   Also haben wir beschlossen:
        Dann muß er verschwinden, und zwar ganz.
        Denn wir können ihn nicht mitnehmen und nicht
                                            da lassen
        Also müssen wir ihn erschießen und in die Kalkgrube
10   werfen, denn
        Der Kalk verbrennt ihn.
        Wir wiederholen unser letztes Gespräch
        Und verlangen euer Urteil.
    DER ERSTE AGITATOR Wir wollen ihn fragen, ob er ein-
15 verstanden ist, denn er war ein mutiger Kämpfer.
    DER ZWEITE AGITATOR Aber auch, wenn er nicht einver-
    standen ist, muß er doch verschwinden, und zwar ganz.
    DER ERSTE AGITATOR *zum jungen Genossen:* Wir müssen
    dich erschießen und in die Kalkgrube werfen, damit
20 der Kalk dich verbrennt. Und wir fragen dich: »Bist du
    einverstanden?«
    DER JUNGE GENOSSE Ja.
    DIE DREI AGITATOREN Er hat ja gesagt.
    DER KONTROLLCHOR Er hat der Wirklichkeit gemäß ge-
25 antwortet.
    DER KONTROLLCHOR Fandet ihr keinen Ausweg, zu er-
    halten den jungen Kämpfer dem Kampf?
    DIE VIER AGITATOREN
        Bei der Kürze der Zeit fanden wir keinen Ausweg

        Fünf Minuten im Angesicht der Verfolger
34   Dachten wir nach über eine

8
DIE GRABLEGUNG

DIE DREI AGITATOREN
Wir beschlossen:
Dann muß er verschwinden, und zwar ganz.
Denn wir können ihn nicht mitnehmen und nicht
                                              da lassen
Also müssen wir ihn erschießen und in die Kalkgrube
                                         werfen, denn
Der Kalk verbrennt ihn.

DER KONTROLLCHOR Fandet ihr keinen Ausweg?

DIE VIER AGITATOREN
Bei der Kürze der Zeit fanden wir keinen Ausweg.
Wie das Tier dem Tiere hilft
Wünschten auch wir uns, ihm zu helfen, der
Mit uns gekämpft für unsere Sache.
Fünf Minuten im Angesicht der Verfolger
Dachten wir nach über eine

1   Bessere Möglichkeit.
     Auch ihr jetzt denkt nach über
     Eine bessere Möglichkeit.
     Pause.

5   DIE VIER AGITATOREN
     Klagend zerschlugen wir uns unsere Köpfe mit
                                             unseren Fäusten
     Daß sie uns nur den furchtbaren Rat wußten: jetzt
     Abzuschneiden den eigenen Fuß vom Körper; denn
10   Furchtbar ist es, zu töten.
     Aber nicht andere nur, auch uns töten wir, wenn
                                                  es nottut
     Da doch nur mit Gewalt diese tötende
     Welt zu ändern ist, wie
15   Jeder Lebende weiß.
     Noch ist es uns, sagten wir
     Nicht vergönnt, nicht zu töten. Einzig mit dem
     Unbeugbaren Willen, die Welt zu verändern,
                                             begründeten wir
20   Die Maßnahme.
     DER KONTROLLCHOR
     Erzählt weiter, unser Mitgefühl
     Ist euch sicher
     Nicht leicht war es, zu tun, was richtig war.

Bessere Möglichkeit.   1
Auch ihr jetzt denkt nach über eine
Bessere Möglichkeit.
Pause.

Also beschlossen wir: jetzt
Abzuschneiden den eigenen Fuß vom Körper.
Furchtbar ist es, zu töten.   10
Aber nicht andere nur, auch uns töten wir, wenn
                                        es nottut
Da doch nur mit Gewalt diese tötende
Welt zu ändern ist, wie
Jeder Lebende weiß.   15
Noch ist es uns, sagten wir
Nicht vergönnt, nicht zu töten. Einzig mit dem
Unbeugbaren Willen, die Welt zu verändern,
                                    begründeten wir
Die Maßnahme.   20

DER KONTROLLCHOR
  Erzählt weiter, unser Mitgefühl
  Ist euch sicher
  Nicht leicht war es, zu tun, was richtig war.
  Nicht ihr spracht ihm sein Urteil, sondern   25
  Die Wirklichkeit.

DIE VIER AGITATOREN Wir wiederholen unser letztes
  Gespräch.

DER ERSTE AGITATOR Wir wollen ihn fragen, ob er einverstanden ist, denn er war ein mutiger Kämpfer. (Frei- 30
  lich das Gesicht, das unter der Maske hervorkam, war
  ein anderes, als das wir mit der Maske verdeckt hatten,
  und das Gesicht, das der Kalk verlöschen wird, anders,
  als das Gesicht, das uns einst an der Grenze begrüßte.) 34

DIE DREI AGITATOREN Wohin sollen wir dich tun, frag-
15   ten wir ihn.
DER JUNGE GENOSSE In die Kalkgrube, sagte er.
DIE DREI AGITATOREN Wir fragten: Willst du es allein
      machen?
DER JUNGE GENOSSE Helft mir.
20 DIE DREI AGITATOREN
      Wir sagten: Lehne deinen Kopf an unsern Arm
      Schließ die Augen
      Wir tragen dich.
DER JUNGE GENOSSE *unsichtbar:*
25   Er sagte noch: Im Interesse des Kommunismus
      Einverstanden mit dem Vormarsch der proletarischen
                                                      Massen
      Aller Länder
      Ja sagend zur Revolutionierung der Welt.
30 DIE DREI AGITATOREN
      Dann erschossen wir ihn und
      Warfen ihn hinab in die Kalkgrube.
      Und als der Kalk ihn verschlungen hatte
34   Kehrten wir zurück zu unserer Arbeit.

DER ZWEITE AGITATOR Aber auch wenn er nicht einverstanden ist, muß er verschwinden, und zwar ganz.
DER ERSTE AGITATOR *zum jungen Genossen:* Wenn du
gefaßt wirst, werden sie dich erschießen, und da du erkannt wirst, ist unsere Arbeit verraten. Also müssen
wir dich erschießen und in die Kalkgrube werfen, da-
mit der Kalk dich verbrennt. Aber wir fragen dich:
weißt du einen Ausweg?
DER JUNGE GENOSSE Nein.
DIE DREI AGITATOREN So fragen wir dich: bist du einver-
standen?
Pause.
DER JUNGE GENOSSE Ja.
DIE DREI AGITATOREN Wohin sollen wir dich tun, frag-
ten wir ihn.
DER JUNGE GENOSSE In die Kalkgrube, sagte er.
DIE DREI AGITATOREN Wir fragten: Willst du es allein
machen?
DER JUNGE GENOSSE Helft mir.
DIE DREI AGITATOREN
  Lehne deinen Kopf an unsern Arm
  Schließ die Augen.

DER JUNGE GENOSSE *unsichtbar:*
  Er sagte noch: Im Interesse des Kommunismus
  Einverstanden mit dem Vormarsch der proletarischen
                                                    Massen

  Aller Länder
  Ja sagend zur Revolutionierung der Welt.
DIE DREI AGITATOREN
  Dann erschossen wir ihn und
  Warfen ihn hinab in die Kalkgrube.
  Und als der Kalk ihn verschlungen hatte
  Kehrten wir zurück zu unserer Arbeit.

1 DER KONTROLLCHOR
     Und eure Arbeit war glücklich
     Ihr habt verbreitet
     Die Lehre der Klassiker
5   Das Abc des Kommunismus
     Den Unwissenden Belehrung über ihre Lage
     Den Unterdrückten das Klassenbewußtsein
     Und den Klassenbewußten die Erfahrung
                                          der Revolution.
10   Und die Revolution marschiert auch dort
     Und auch dort sind geordnet die Reihen der Kämpfer
     Wir sind einverstanden mit euch.

DER KONTROLLCHOR   1
  Und eure Arbeit war glücklich
  Ihr habt verbreitet
  Die Lehre der Klassiker
  Das Abc des Kommunismus   5
  Den Unwissenden Belehrung über ihre Lage
  Den Unterdrückten das Klassenbewußtsein
  Und den Klassenbewußten die Erfahrung
                             der Revolution.
  Und die Revolution marschiert auch dort   10
  Und auch dort sind geordnet die Reihen der Kämpfer
  Wir sind einverstanden mit euch.
  Aber auch euer Bericht zeigt uns, wieviel
  Nötig ist, die Welt zu verändern:
  Zorn und Zähigkeit, Wissen und Empörung   15
  Schnelles Eingreifen, tiefes Bedenken
  Kaltes Dulden, endloses Beharren
  Begreifen des Einzelnen und Begreifen des Ganzen:
  Nur belehrt von der Wirklichkeit, können wir
  Die Wirklichkeit ändern.   20

Uraufführung der »Maßnahme« am 13./14. Dezember 1930.

Textprojektion:
»Denn sie beruht auf der Lehre der Klassiker
Welche geschöpft ist aus der Kenntnis der Wirklichkeit
Und bestimmt ist, sie zu verändern, indem sie, die Lehre
Die Massen ergreift.« (S. 68, 13-17)

Texte Brechts zur »Maßnahme«

[DAS LEHRSTÜCK »DIE MASSNAHME«]

Das Lehrstück »Die Maßnahme« ist kein Theaterstück im üblichen Sinne. Es ist eine Veranstaltung von einem Massenchor und 4 Schauspielern. Den Part der Spieler haben bei unserer heutigen Aufführung, die mehr eine Art Ausstellung sein soll, 4 Schauspieler übernommen, aber dieser Part kann natürlich auch in ganz einfacher und primitiver Weise von jungen Leuten ausgeführt werden und gerade das ist sein Hauptzweck.

Der Inhalt des Lehrstückes ist kurz folgender: 4 kommunistische Agitatoren stehen vor einem Parteigericht, dargestellt durch den Massenchor. Sie haben in China kommunistische Propaganda getrieben und dabei ihren jüngsten Genossen erschießen müssen. Um nun dem Gericht die Notwendigkeit dieser Maßnahme der Erschießung eines Genossen zu beweisen, zeigen sie, wie sich der junge Genosse in den verschiedenen politischen Situationen verhalten hat. Sie zeigen, daß der junge Genosse gefühlsmäßig ein Revolutionär war, aber nicht genügend Disziplin hielt und zu wenig seinen Verstand sprechen ließ, so daß er, ohne es zu wollen, zu einer schweren Gefahr für die Bewegung wurde.

Der Zweck des Lehrstückes ist also, politisch unrichtiges Verhalten zu zeigen und dadurch richtiges Verhalten zu lehren. Zur Diskussion soll durch diese Aufführung gestellt werden, ob eine solche Veranstaltung politischen Lehrwert hat.

Fragebogen

1. Glauben Sie, daß eine solche Veranstaltung politischen Lehrwert für den Zuschauer hat?

2. Glauben Sie, daß eine solche Veranstaltung politischen Lehrwert für den Ausführenden (also Spieler und Chor) hat?

3. Gegen welche in der »Maßnahme« enthaltenen Lehrtendenzen haben Sie politische Einwände?

4. Glauben Sie, daß die Form unserer Veranstaltung für ihren politischen Zweck die richtige ist? Könnten Sie uns noch andere Formen vorschlagen?

ANMERKUNGEN

1. Offener Brief an die künstlerische Leitung der Neuen Musik Berlin 1930, Heinrich Burkard, Paul Hindemith, Georg Schünemann

Berlin, den 12. Mai 1930

Sie haben es abgelehnt, die Verantwortung für die Aufführung unseres neuen, zwischen uns verabredeten Lehrstücks vor Ihrem uns namentlich nicht bekannten »Programmausschuß« zu übernehmen, und fordern uns auf, den Text diesem Ausschuß zur Zerstreuung politischer Bedenken vorzulegen. (Diese Kontrolle, fügen Sie hinzu, komme für alle Werke in Betracht.) Wir haben dies abgelehnt. Hier der Grund:

Wenn Sie Ihre so wichtigen Veranstaltungen, in denen Sie neue Verwendungsarten der Musik zur Diskussion stellen, weiterführen wollen, dann dürfen Sie sich auf keinen Fall in finanzielle Abhängigkeit von Leuten oder Institutionen begeben, die Ihnen von vornherein soundsoviele und vielleicht nicht die schlechtesten Verwendungsarten aus ganz anderen als künstlerischen Gründen verbieten. So wenig es Ihre künstlerische Aufgabe sein kann, etwa die Polizei zu kritisieren, so wenig rätlich wäre es etwa, ausgerechnet von der Polizei Ihre künstlerischen Veranstaltungen finanzieren zu lassen: Sie setzen sie nämlich eventuell der Vorkritik der Polizei aus. Es gibt nämlich Aufgaben der neuen Musik, welche der Staat zwar nicht verbieten, aber auch nicht gerade finanzieren kann. Seien wir doch zufrieden, wenn der Polizeipräsident unsere Arbeiten nicht verbietet, fordern wir doch nicht auch noch das Schupoorchester an!

Im übrigen sind wir ja jetzt endlich auf dem Stand, den wir immer ersehnt haben: Haben wir nicht immer nach Laienkunst gerufen? Hatten wir nicht schon lange Bedenken gegen diese großen, von hundert Bedenken gehemmten Apparate?

Ein positiver Vorschlag:

Wir nehmen diese wichtigen Veranstaltungen aus allen Abhängigkeiten heraus und lassen sie von denen machen, für die sie bestimmt sind und die allein eine Verwendung dafür haben: von Arbeiterchören, Laienspielgruppen, Schülerchören und Schülerorchestern, also von solchen, die weder für Kunst bezahlen noch für Kunst bezahlt werden, sondern Kunst machen wollen.

Sie müssen einsehen, daß in der jetzigen Situation Ihr Rücktritt von der künstlerischen Leitung der Neuen Musik Berlin 1930 als Protest gegen alle Zensurversuche der neuen Musik mehr nützen würde, als wenn Sie im Sommer 1930 noch einmal ein Musikfest feiern.

gez. Bertolt Brecht.   Hanns Eisler.

Es blieb jedoch bei der Abhaltung des Musikfestes und der Ablehnung einer Aufführung der »Maßnahme« »wegen formaler Minderwertigkeit des Textes«.

2. Die Musik zur »Maßnahme«

a) Die Einleitung (Zeile 1 bis 25) [S. 11, 1-22] enthält im Text eine Situationsänderung. Die Agitatoren unterbrechen die ihnen dargebrachte Rühmung mit dem Antrag, über ihre Arbeit eine Untersuchung anzustellen. Indem die Musik, im Ganzen einen Brauch konstituierend, die Haltung des Kontrollchors *nicht* verändert, unterwirft sie rückwirkend auch die Rühmung des Anfangs ihrer allgemeineren Funktion, eine geschäftsordnende Haltung als eine heroische zu fixieren. Wird also der Gesamtvorgang als sich von a bis b entwickelnd vorgestellt, wobei a eine rühmende, b eine geschäftsordnende Haltung bedeutet, dann erhält dadurch, daß die Musik ihre heroisierende Haltung, die aus a genommen ist, bei b beibehält, die rühmende Haltung des Anfangs rückwirkend einen geschäftsordnenden und die geschäftsordnende Haltung einen heroischen Charaker. Es ist jedoch denkbar, daß dies auch erreicht ist, wenn der letzte Satz »Stellt dar, wie es geschah« ohne Musik kommt.

b) Die unterbrechenden Rezitativakte in dem Teil 1 (Die Lehren der Klassiker) haben eine disziplinierende Funktion. Sie legen die Zeitmaße der Sprechweise fest. Sie richten sich also keineswegs nach den Sprechern.

c) Bei den Stücken »Lob der U.S.S.R.«, »Lob der illegalen Arbeit«, »Ändere die Welt: sie braucht es«, »Lob der Partei« wurden der Musik Theorien überliefert. Es handelte sich darum, den Chören nicht zu gestatten »sich auszudrücken«, also waren Modulationen in der Tonstärke vorsichtig anzuwenden und auch melodische Buntheit zu vermeiden. Die Chöre sind hier mit voller Stimmstärke unter Anstrengung zu singen. Sie haben organisatorischen Charaker, die Theorien selber sind nicht bloße Widerspiegelungen (»wie sie es sehen«), sondern Kampfmittel.

d) Die Musik zum Teil 2 (Auslöschung) stellt einen Versuch dar, eine gesellschaftliche Umfunktionierung als heroischen Brauch zu konstituieren. Es ist denkbar, daß so etwas gefährlich ist, denn ohne Zweifel wirkt dadurch der Vorgang rituell; d. h. entfernt von seinem jeweiligen praktischen Zweck. Es wird darauf hinauslaufen, ob man in solchen Übungen Glorifizierungen psychischer Akte oder lediglich ihre Ermöglichung sieht. Jedenfalls wird hier (nur der Leiter des Parteihauses singt!) ein emotionelles Feld geschaffen. Es ist durchaus nötig, daß die drei ihr »ja« bewußt außerhalb der Konstruktion der Musik, also feldfrei sprechen.

e) Die Musik zu Teil 5 (Was ist eigentlich ein Mensch?) ist die Imitation einer Musik, die die Grundhaltung des Händlers widerspiegelt, des Jazz. Die Brutalität, Dummheit, Souveränität und Selbstverachtung dieses Typus konnte in keiner anderen musikalischen Form »gestaltet« werden. Auch gibt es kaum eine Musik, welche so provokatorisch auf den jungen Genossen wirken könnte. (Dennoch ist eine Ablehnung des Jazz, welche nicht von einer Ablehnung seiner gesellschaftlichen Funktionen herkommt, ein Rückschritt.) Man muß nämlich unterscheiden können, zwischen dem Jazz als Technikum und der widerlichen Ware, welche die Vergnügungsindustrie aus ihm machte. Die bürgerliche Musik war nicht imstande, das Fortschrittliche im Jazz weiterzuentwickeln, nämlich das montagemäßige, das den Musiker zum technischen Spezialisten machte. Hier waren Möglichkeiten gezeigt, eine neue Einheit von Freiheit des einzelnen und Diszipliniertheit des Gesamtkörpers zu erzielen (Improvisieren mit festem Ziel), das Gestische zu betonen, die Methode des Musizierens der Funktion unterzuordnen, also bei Funktionswechsel Stilarten übergangslos zu wechseln usw.

3. Sätze des Sprechers bei öffentlichen Aufführungen
Bei öffentlichen Aufführungen kann ein Mitglied des
Kontrollchores folgende Sätze sprechen:
Zwischen den Zeilen 2 und 3 [vor 11,2]:
    Wir begrüßen jetzt die vier Agitatoren, die in Mukden
gearbeitet haben.
Zwischen 26 und 27 [13,3]:
    Wer war der Genosse, den ihr getötet habt, und wie war
er?
Zwischen 33 und 34 [nach 13,11]:
    Spielt uns den Vorgang mit verteilten Rollen vor!
Zwischen 124 und 125 [19,3]:
    Kannte der junge Genosse die Gefahren illegaler Ar-
beit?
Zwischen 225 und 226 [27,3]:
    Wie arbeitete der junge Genosse?
Zwischen 397 und 398 [39,3]:
    Lernte der Genosse aus seinem ersten Fehler?
Zwischen 565 und 566 [nach 47,2]:
    Stelltet ihr dem Genossen auch leichtere Aufgaben?
Zwischen 706 und 707 [59,3]:
    Brachte der Genosse die Bewegung in Gefahr?
Zwischen 964 und 965 [79,3]:
    Nennt jetzt eure Maßnahme!

4. Einübung der »Maßnahme«
Die dramatische Vorführung muß einfach und nüchtern
sein, besonderer Schwung und besonders »ausdrucksvol-
les« Spiel sind überflüssig. Die Spieler müssen lediglich
das jeweilige Verhalten der Vier zeigen, welches zum Ver-
ständnis und zur Beurteilung des Falles gekannt werden
muß. (Der Text der drei Agitatoren kann aufgeteilt werden.) Jeder der vier Spieler soll die Gelegenheit haben,
einmal das Verhalten des jungen Genossen zu zeigen, da-

her soll jeder Spieler eine der vier Hauptszenen des jungen Genossen spielen.

Die Vorführenden (Sänger und Spieler) haben die Aufgabe, lernend zu lehren. Da es in Deutschland eine halbe Million Arbeitersänger gibt, ist die Frage, was im Singenden vorgeht, mindestens so wichtig wie die Frage, was im Hörenden vorgeht. Jedoch sollten Versuche, aus der »Maßnahme« Rezepte für politisches Handeln zu entnehmen, ohne Kenntnis des Abc des dialektischen Materialismus nicht unternommen werden. Für einige ethische Begriffe wie Gerechtigkeit, Freiheit, Menschlichkeit usw., die in der »Maßnahme« vorkommen, gilt, was Lenin über Sittlichkeit sagt: »Unsere Sittlichkeit leiten wir aus den Interessen des proletarischen Klassenkampfes ab.« (Band 25, S. 483.)

5. Lenin über Lernen

»Es gibt noch keine Antwort auf die wichtigste, wesentlichste Frage: Wie und was soll man lernen? Hier aber handelt es sich in der Hauptsache darum, daß zugleich mit der Umgestaltung der alten kapitalistischen Gesellschaft die Unterweisung, Erziehung und Bildung der neuen Generationen, die die kommunistische Gesellschaft aufbauen werden, nicht nach den alten Methoden betrieben werden kann.« (Rede auf dem dritten allrussischen Kongreß des kommunistischen Jugendverbandes Rußlands am 2. Oktober 1920. Band 25, S. 474.)

Anmerkungen

Textgrundlage

Fassung 1930: *Die Maßnahme. Lehrstück*, in: *Aus dem 4. Heft der »Versuche«* Berlin: Gustav Kiepenheuer Verlag 1930 (9. Versuch).
Fassung 1931: *Die Maßnahme. Lehrstück*, in: *Versuche*, Heft 4 (*Versuche 11-12*), Berlin: Gustav Kiepenheuer Verlag 1931, S. 329-358 (12. Versuch).

Übersicht

Februar 1930: Arbeitsbeginn.
Mai 1930: Eine erste Niederschrift, auf deren Grundlage Hanns Eisler die Musik komponiert, ist abgeschlossen.
Zwischen September und November 1930: Veröffentlichung der Uraufführungsfassung in einem Vorausdruck *Aus dem 4. Heft der »Versuche«*, Gustav Kiepenheuer Verlag, Berlin.
13./14. Dezember 1930: Uraufführung im Haus der Berliner Philharmonie.
Ende 1931: Veröffentlichung einer veränderten Fassung im *Versuche*-Heft 4, Gustav Kiepenheuer Verlag, Berlin.
1938: Veröffentlichung mit erneuten Textänderungen im Band 2 der *Gesammelten Werke*, Malik-Verlag, London.
1955: Veröffentlichung der Fassung von 1931 in Band 4 der *Stücke*-Ausgaben des Suhrkamp Verlags und des Aufbau-Verlags.

Entstehung / Textfassungen / Wirkung

Für die Festwoche des Vereins »Neue Musik Berlin 1930« im Juni geplant, beginnt Brecht mit der Arbeit am Stück im Februar 1930. Mit der *Maßnahme* greift er auf seine Schuloper *Der Jasager* zurück; anfangs trägt der Junge Genosse noch die Rollenbezeichnung »Der Knabe«, und für die szenische Lösung sind die

für die Schuloper gefundenen Handlungsräume I und II vorgesehen. Die im *Jasager* behandelten legendenhaften Vorgänge
überträgt Brecht jedoch in die aktuellen Klassenauseinanderset-
zungen zur revolutionären Veränderung der Gesellschaft; dabei
werden die damals vieldiskutierten Ereignisse der 2. revolutionären Phase des Bürgerkriegs in China für den Aufbau der Fabel
genutzt. Das schon früher verwendete Einverständnis-Motiv
zielt jetzt auf eine konkrete politische Aufgabe: einverstanden zu
sein mit dem Vormarsch der proletarischen Massen aller Länder.

Am Text hat neben Slatan Dudow, dem Regisseur der Uraufführung, vor allem Hanns Eisler maßgeblichen Anteil; während
der ersten Entstehungsphase wird in Brechts Wohnung täglich
mehrere Stunden gearbeitet. Erhebliche Bedeutung hat in diesem Zusammenhang der im April 1930 in deutscher Sprache
erscheinende Band 25 der *Sämtlichen Werke* Lenins. Die dort
abgedruckten Schriften und Reden – insbesondere *Der »Radikalismus«, die Kinderkrankheit des Kommunismus* und die *Rede
auf dem 3. Allrussischen Kongreß des kommunistischen Jugendverbandes Rußlands* – gewinnen Einfluß auf die Problemdar-
stellung im Stück. Ebenso ist die Zusammenarbeit mit Arbeiterchören und Laienorchestern wichtig; während Brechts bis dahin
entstandene Lehrstücke im Zusammenhang mit bürgerlichen
Reformbemühungen entwickelt worden sind, wird die Inszenierung der *Maßnahme* eng mit dem Kommunikationssystem der
revolutionären Arbeiterbewegung verknüpft.

Auf der Grundlage der ersten, nicht erhaltenen Niederschrift
komponiert Hanns Eisler im Juli 1930 die Lieder und Chöre. Die
Agitatoren sind hier noch Sowjetbürger und wollen in die Stadt
Urga (heute: Ulan-Bator), in die auch der Kaufmann in Brechts
1930 konzipiertem Lehrstück *Die Ausnahme und die Regel*
möchte, und nicht nach Mukden (heute: Shenyang) reisen. Das
Stück ist in neun statt später acht Szenen gegliedert, weil *Die Zeit
der äußersten Verfolgung* und *Die Analyse* noch nicht in einem
Szenenkomplex zusammengefügt sind. Für die im Herbst 1930
gedruckte Fassung werden dann einige auf den *Jasager* zurück-
gehende Motive getilgt. Neben Textumstellungen gibt es größere
Veränderungen in den Szenen *Empörung gegen die Lehre* und

Die Grablegung. Im ersten Fall führt die Überarbeitung zur Zu-
spitzung der Situation: Die neuen Führer der Arbeitslosen, an
denen sich der Junge Genosse orientiert, sind in der ersten Niederschrift vom Mai noch »sieben Obdachlose« gewesen, statt des
Generalstreiks sollte dort lediglich ein »Umzug der Obdachlo-
sen« organisiert werden; auch das demonstrative Zerreißen der
Klassikerschriften war noch nicht vorgesehen. Die Szene *Die
Grablegung* wird erweitert durch neuen Text (80,6 - 20), der die
Tragik der Situation poetisch erfaßt (»Furchtbar ist es, zu töten«)
und eine genauere Begründung der Maßnahme gibt. Schließlich
sind einige Dialoge knapper und präziser gefaßt, der Begriff »Revolution« wird durch die Formulierung »Aktion« ersetzt.

Da die künstlerische Leitung des Vereins »Neue Musik Berlin
1930« Einwände gegen die politische Tendenz des Stücks erhebt
und Brecht und Eisler sich keiner Vorzensur unterwerfen wollen, beschließen sie, eine Inszenierung mit Laienkünstlern zu
realisieren. Am 13./14. Dezember 1930 findet die Uraufführung
im Haus der Berliner Philharmonie in einer Nachtvorstellung
statt. Als Veranstalter fungiert die Internationale Tribüne, ein
»Arbeitskreis zur Förderung der internationalen revolutionären
Kunst und Literatur«. Um die umfangreiche und anspruchsvolle
Partie des Kontrollchors bewältigen zu können, vereinigt der
musikalische Leiter Karl Rankl drei Berliner Arbeiterchöre: den
von ihm betreuten Schubert-Chor, den Gemischten Chor Groß-
Berlin und den Fichte-Chor. Die vier Darstellerrollen sind mit
den Schauspielern Helene Weigel, Ernst Busch, Alexander Gra-
nach und dem Sänger Anton Maria Topitz besetzt. Regisseur ist
Slatan Dudow. »Auf dem Podium ein großer gemischter Chor,
ein kleines Orchester, Blechbläser, Pauken, Saxophone, ein Flü-
gel«, vorn »zur Rechten ein kleines Sonderpodium«, berichten
die Zeitungen, »eine Spielfläche in der Art eines Boxrings«, auf
der die szenische Handlung und ihre Bewertung (Diskussion
und Analyse) betont sachlich, die Modellhaftigkeit hervorkeh-
rend, demonstriert werden. Im Hintergrund ist vor dem Orgel-
prospekt »eine Leinwand aufgespannt, auf der in Kinder-Frak-
turschrift die Texte«, die wichtige Thesen des Stücks erfassen,
»projiziert werden«. Neben dem intellektuellen Publikum füllen

auch viele Arbeiterinnen und Arbeiter den Saal; der Premieren-
erfolg ist groß. Auch die Kritik lobt die Qualität der Aufführung. Bei vielen Urteilen steht das Interesse an der Musik im
Vordergrund, nicht zuletzt dadurch bedingt, daß die Aufführungen und Textveröffentlichungen von Brechts *Lehrstück* und vom
Jasager unter den fortschrittlichen bürgerlichen Musiktheoreti-
kern eine lebhafte Debatte über die Schuloper und das mit mu-
sikalischem Material arbeitende Lehrstück ausgelöst hatten.
Dem Text gegenüber reichen die Pressereaktionen von entschie-
dener Ablehnung in den konservativen und reaktionären Zeitungen bis zur wohlwollenden Anerkennung durch liberale und
demokratische Rezensenten. Die intensivste Auseinandersetzung findet innerhalb der revolutionären Arbeiterbewegung
statt; auch hier sind die Meinungen zu Stück und Aufführung
geteilt. Der *Maßnahme* wird ein hoher politischer Lehrwert zu-
gebilligt, ebenso findet Brechts Grundanliegen Anerkennung,
daß für den Marxismus und die Partei entschieden Stellung genommen werde. Kritisiert aber werden insbesondere folgende
Punkte: »Das Erschießen des jungen, disziplinlosen Genossen
[...] ist nicht gerechtfertigt, wenn man das Augenmerk auf die
revolutionäre Praxis lenkt«, konstatiert Alfred Kemény in der
Roten Fahne; in den Debatten wird vorgeschlagen, den Jungen
aus der Partei auszuschließen. Otto Biha kritisiert in der *Links-
kurve*, daß aus der Handlung nicht zwingend hervorgehe,
»warum dieser junge Genosse, der an verantwortlicher Stelle der
illegalen Arbeit dauernd Fehler begeht, stets neue, noch schwie-
rigere Arbeiten zur Erledigung erhält«. Auch die »undialekti-
sche Fragestellung, ob Verstand oder Gefühl sprechen müssen«,
wird diskutiert. Paul Friedländer stellt in der *Welt am Abend*
fest, daß Brecht sich zwar intellektuell dem Marxismus angenä-
hert habe und allgemeine theoretische Probleme bewege, aber
noch keine Kenntnisse von der revolutionären Praxis besitze.
Mit Analogien aus der Geschichte der Arbeiterbewegung ver-
sucht Alfred Kurella nachzuweisen, daß der Junge Genosse mit
seinem revolutionären Instinkt in entscheidenden Situationen
sogar recht habe – daß sein Verhalten revolutionär, das der Agitatoren hingegen opportunistisch sei.

Diese Reaktionen bewegen Brecht und seine Mitarbeiter zu wesentlichen Veränderungen im Fabelablauf und bei der lyrischen Formulierung marxistischer Grundgedanken, vor allem zur Parteifrage. Sie werden bei einer 2. Aufführung am 18. Januar 1931 im Großen Schauspielhaus bereits berücksichtigt und schlagen sich Ende 1931 in der neuen, im Heft 4 der *Versuche* erscheinenden Stückfassung nieder. Die vorliegende Ausgabe präsentiert, der erheblichen Unterschiede wegen, die Fassungen von 1930 sowie von 1931 im Paralleldruck und dokumentiert somit die Umarbeitung des Stückes, die Brecht nach der Uraufführung unter Berücksichtigung von Zuschauerreaktionen und Kritiken vornahm.

Hat die Aufgabe der Agitatoren im Vorausdruck von 1930 gelautet: »in den Betrieben aufbauen die chinesische Partei«, so sollen sie jetzt »in den Betrieben unterstützen die chinesische Partei« (12/13,6f.). Auch wird in der neuen Fassung von 1931 näher begründet, weshalb der Junge Genosse nach drei erfolglosen Einsätzen noch einen weiteren Auftrag erhält (57,14-21). Anders verlaufen vor allem drei der vier Situationen, in denen sich der Junge Genosse bewähren muß (Szenen 3, 4 und 6). In der Szene 3 wird der Auftrag der Agitatoren an den Jungen Genossen konkretisiert: Er soll erreichen, daß die Kulis soziale (Teil-)Forderungen stellen, nämlich andernorts bereits eingeführte, die Arbeit erleichternde Schuhe verlangen. Nicht nur indem er den Kulis aus Mitleid hilft, statt unter ihnen zu agitieren, begeht er einen Fehler, sondern auch, indem er den sich abzeichnenden Erfolg bei der Propagierung des Kampfes um Arbeitserleichterungen durch spontanes Mitleid selbst untergräbt. Charakteristisch in diesem Zusammenhang ist außerdem die veränderte Einschätzung seines Fehlers durch die Agitatoren; statt des ursprünglichen »daß er das Gefühl über den Verstand gestellt hatte« heißt es jetzt, »daß er das Gefühl vom Verstand getrennt hatte« (36/37,24f.). – In Szene 4 besteht die Aufgabe des Jungen Genossen nicht mehr darin, für einen Streik zu agitieren, sondern einen bereits ausgebrochenen Teilstreik zum Massenstreik zu entwickeln. Der kurze *Gesang der Textilarbeiter* aus der Fassung von 1930 ist durch eine neue Passage des

Kontrollchors, einen Solidaritätsaufruf (39,30ff.), ersetzt. Als Fehler steht nicht mehr nur das unüberlegte Niederschlagen des Polizisten zur Debatte, sondern auch die Beschimpfung eines Arbeitswilligen, die im Widerspruch zum Solidaritätsaufruf steht und zur Vertreibung der Streikposten, zum Abbruch des Teilstreiks sowie zur Verhinderung des Massenstreiks führt. – In Szene 6 plädiert der Junge Genosse statt für einen nicht vorbereiteten Generalstreik, wie in der Fassung von 1930, für einen unüberlegten Sturm auf die Kasernen. Zugleich wird den rebellischen Vorstellungen der Arbeitslosenführer, von denen sich der Junge Genosse beeindrucken und beeinflussen läßt, eine Darlegung der konkreten revolutionären Situation gegenübergestellt. Ein eingefügter Satz (59,7-9) unterstreicht, daß die Sammlung und Aufklärung der Massen für den gemeinsamen Kampf, nicht der Putsch auf der Tagesordnung stehen. In gleichfalls neuen Textpassagen (61,30ff.) verweisen die drei Agitatoren außer auf das Elend der Arbeitslosen auch auf das Elend der Arbeitenden und der Bauern; ja, sie betonen das auf Beseitigung der Ausbeutung gerichtete Interesse der Polizisten als Ausgebeutete in Uniform. Wie mit der Hervorkehrung der Solidaritätsproblematik in Szene 4 wird damit auf die Politik der KP Chinas in jener Zeit Bezug genommen, die auf ihrem Moskauer Parteitag von 1928 entsprechend den Beschlüssen der Kommunistischen Internationale einen verstärkten Kampf um die Gewinnung der Massen fordert. Darüber hinaus erfolgt eine Überarbeitung jener Textteile, die sich auf die Partei beziehen (vgl. 68/69,13-17). Damit reagiert Brecht auf Einwände kommunistischer Kritiker. Ihre Hinweise berücksichtigt er auch bei der Erweiterung des Dialogs zwischen den drei Agitatoren und dem Jungen Genossen (65,29ff.). Hatte doch Alfred Kemény in der Zeitschrift *Arbeiterbühne und Film* den Vorwurf einer »Vergöttlichung der Partei« erhoben. Auf die Frage »Wer aber ist die Partei?« heißt es jetzt: »Wir sind sie. / Du und ich und ihr – wir alle.«

Weitere Inszenierungen der *Maßnahme* folgen 1932 auf der Basis der neuen Fassung von 1931. Aufführungsorte der fünf Produktionen in Deutschland sind Düsseldorf (»Bund für neue Volksmusik« und »Truppe im Westen«; Regie: Wolfgang Langhoff), Leipzig (Chorvereinigung »Freiheit«), Frankfurt a. M., Chemnitz und Köln. Im September 1932 wird das Lehrstück auch am Proletarischen Theater Wien (Regie: Hans Vogel) erfolgreich aufgeführt; eine weitere Inszenierung durch das Schauspielerkollektiv »Tribüne« in Sofia ist nicht eindeutig belegt. Es handelt sich dabei in der Regel um einmalige Aufführungen in großen Sälen – in Köln z. B. in der Großen Messehalle – unter dem Patronat proletarischer Kulturorganisationen wie der Internationalen Vereinigung für Arbeiterkultur (IfA). Am 20. Januar 1933 veranstaltet die »Kampfgemeinschaft der Arbeitersänger« im Reichshallentheater Erfurt die letzte *Maßnahme*-Aufführung vor Hitlers Machtantritt. Sie wird wegen kommunistischer Propaganda aufgelöst, gegen die Veranstalter ein Strafverfahren eingeleitet wegen Aufforderung zum Hochverrat. Nach 1945 finden, bis zu Brechts Tod, zwei Lesungen des Stücks – 1945 in Mailand, 1955 durch die Studentenbühne Erlangen – sowie, gleichfalls 1955, eine Aufführung im Studio des Mailänder Piccolo Teatro (Regie: Giorgio Strehler) statt.

Ende 1935/Anfang 1936, als die Verlagsgenossenschaft ausländischer Arbeiter in der Sowjetunion (VEGAAR) den Text veröffentlichen möchte (was dann nicht geschieht), schlägt Brecht dem Verlag Änderungen für das Schlußbild vor, eine neu formulierte Einschätzung der Position des Jungen Genossen sowie die Streichung eines Dialogs über seine bevorstehende Tötung (81,27-83,16).

Die 1938 in der Malik-Ausgabe der *Gesammelten Werke* gedruckte Fassung folgt über weite Strecken dem 1931 im *Versuche*-Heft 4 veröffentlichten Text. Es gibt jedoch drei neue Überschriften für die Szenen 4 (jetzt: *Das kleine und das große Unrecht*), 7 (jetzt: *Die Flucht*) und – einem Vorschlag von 1935/36 folgend – 8 (jetzt: *Die Maßnahme*). Die auffälligsten Eingriffe in den Text erfolgen in der 4., 6., 7. und 8. Szene. – In Szene 4 wird bei der Agitation unter den Textilarbeitern die Bewährung nicht »beim Streik«, sondern »beim Flugblattverteilen« gefordert; die 1931 eingefügte Auseinandersetzung mit den sich nicht am Streik beteiligenden Arbeitern (45,22-47,2) wird wieder eliminiert; der Schluß der Szene (nach 45,21) lautet jetzt:

DIE VIER AGITATOREN Und er mußte sich in Sicherheit bringen, anstatt Flugblätter zu verteilen, denn die Polizeibewachung wurde verstärkt.

DISKUSSION

DER KONTROLLCHOR Aber ist es nicht richtig, das Unrecht zu verhindern, wo immer es vorkommt?

DIE VIER AGITATOREN Er hatte ein kleines Unrecht verhindert, aber das große Unrecht, der Streikbruch, ging weiter.

DER KONTROLLCHOR Wir sind einverstanden.

In Szene 6 ist das Ziel der Arbeitslosen, dem sich der Junge Genosse anschließt, nicht mehr, die Kasernen zu stürmen; man will »als ein Fanal für den Aufstand das Stadthaus besetzen«. Daraus ergeben sich neue Textpartien. Vor allem ist eine längere Passage eingefügt, aus der hervorgeht, daß der Junge Genosse den neuen Führer der Arbeitslosen, dessen Losungen er folgt und den die Agitatoren als Spitzel kennen, falsch einschätzt. Deshalb erhält der Auftrag für diese Situation (61,30-63,7) eine neue Nuance: »entlarve den Agenten der Kaufleute und seinen Rat, das Stadthaus zu stürmen«. – Szene 7 wird durch einen größeren Strich (75,6-33) weiter komprimiert, und nach 75,5 widerspricht der Kontrollchor dem Jungen Genossen: »Wir aber sagten: unsere Sache ist nicht verloren.« – In die Schlußszene schließlich wird die 1935/36 notierte Einschätzung der Position und Perspektive des Jungen Genossen aufgenommen. Anstelle von 83,13-18 heißt es jetzt:

DER JUNGE GENOSSE Ja. Ich sehe, ich habe immer falsch gehandelt.

DIE DREI AGITATOREN Nicht immer.

DER JUNGE GENOSSE Ich, der ich so sehr nützen wollte, habe nur geschadet.

DIE DREI AGITATOREN Nicht nur.

DER JUNGE GENOSSE Aber jetzt wäre es besser, ich wäre nicht da.

DIE DREI AGITATOREN Ja. Willst du es allein tun?

Für den Band 4 der *Stücke*-Ausgaben des Suhrkamp Verlags und des Aufbau-Verlags (1955) hat Brecht die Änderungen von 1938 nicht mehr berücksichtigt, sondern den Text der Fassung von 1931 zugrundegelegt.

Passagen aus der *Maßnahme* werden 1947 beim Verhör Brechts vor dem »Kongreßausschuß zur Untersuchung unamerikanischer Tätigkeiten« in Washington als Belastungsmaterial zitiert. Im darauffolgenden Jahr nennt Ruth Fischer, 1926 wegen ultralinker Haltung aus der KPD ausgeschlossen, Brecht einen »Sänger der GPU« (früherer sowjetischer Geheimdienst); er habe 1930 mit den Urteilen des Kontrollchors eine Vorwegnahme der Moskauer Schauprozesse von 1936 gegeben. Diese Denunziation Brechts wird nicht nur Anfang der fünfziger Jahre in der BRD kolportiert (vgl. Herbert Lüthy, *Vom armen Bert Brecht*, in: *Der Monat*, Frankfurt a. M., 1952, Heft 44). Als der schwedische Lehrer Paul Patera, Vertreter der »Jungen Rechten«, 1956 eine Inszenierung des Lehrstücks mit Laien in Uppsala plant und Brecht um die Aufführungsgenehmigung bittet, antwortet dieser in einem Brief vom 21. April 1956: »Aufführungen vor Publikum rufen erfahrungsgemäß nichts als moralische Affekte für gewöhnlich minderer Art beim Publikum hervor. Ich gebe daher das Stück seit langem nicht für Aufführungen frei. Viel besser eignet sich das kleine Stück *Die Ausnahme und die Regel* für Einstudierungen für unprofessionelle Theater.« Patera bringt *Die Maßnahme* trotzdem heraus; die Inszenierung wird, wie Brecht befürchtete, Teil der antikommunistischen Propaganda dieser Zeit. Auch wenn er das Stück nicht mehr für Aufführungen freigibt, schätzt Brecht für seine eigene Arbeit und für mögliche Perspektiven des Theaters *Die Maßnahme* weiterhin als wichtig ein. Kurz vor seinem Tod spricht er sogar davon, daß er dieses Lehrstück, die in ihm erprobte theatralische Kommunikationsweise, für »die Form des Theaters der Zukunft« halte.

Aufgrund des Aufführungsverbots kommt es bis in die neunziger Jahre allenfalls zu »geschlossenen« Veranstaltungen und szenischen Lesungen zumeist von Studentenbühnen. 1986 findet in der Akademie der Künste der DDR eine ebenfalls geschlossene konzertante Aufführung statt, und 1995 wird die *Maßnahme* im Studiotheater der Hochschule für Schauspiel »Ernst

Busch« in einer Kombination von Schauspiel und Puppenspiel gezeigt. Mit Blick auf die 100. Geburtstage Brechts und Eislers 1998 ist das Stück zur Aufführung freigegeben worden. Am 13. September 1997 hat am Berliner Ensemble erstmals wieder eine vollständige Aufführung der *Maßnahme* in der Einheit von Brechts Text und Eislers Musik stattgefunden. Unter der Regie von Klaus Emmerich und der musikalischen Leitung von Roland Kluttig singen Mitglieder des Konzertchors der Deutschen Staatsoper Berlin, es spielt das Kammerensemble Neue Musik Berlin. Dirigent, Orchester und Chor sind hinter einem Gazevorhang positioniert, auf den der gesungene Text projiziert wird, und die jungen Darsteller der Agitatoren sprechen ihre Parts an der Rampe (in Mikrophone) oder deuten in einfachen Bewegungen einzelne Szenen an. Diese »in ihrer normalen Klassizität auftrumpfende *Maßnahme*«, so kritisiert Klaus Dermutz in der *Frankfurter Rundschau*, würde nunmehr die »ästhetischen Planspiele von einst« repetieren, eine tiefer gehende inhaltliche Auseinandersetzung jedoch vermeiden. Dagegen hebt Silvia Schlenstedt in *Konkret* die Leistung der Aufführung hervor, die Bedeutung der Chöre (auch wo Arbeiterchöre durch einen Kunstchor ersetzt worden seien) mit Präzision und Dynamik zum Vorschein gebracht zu haben, und in diesem Zusammenhang »Grundkonstellationen sozialer Kämpfe« sowie die Fragwürdigkeit der Tötung des Jungen Genossen. Der Aufführung sei es gelungen, »mit Elementen der Distanzierung und Ironie zu operieren, ohne das Ganze zu destruieren«. Sie vermochte es immer noch, die Zuschauer zu befremden.

Einzelhinweise

8/9,1 *Mitarbeiter]* In der Textgrundlage sind die Mitarbeiter am Ende des Stückabdrucks genannt: »Brecht. Dudow. Eisler«.

9,3-5 *Der zwölfte Versuch...]* Der Text ist den Vorbemerkungen zum *Versuche*-Heft 4 entnommen.

8/9,8-13 *Personen]* Das Personenverzeichnis ist nachträglich eingefügt worden.

12/13,2 *Die Schriften/Lehren der Klassiker]* Gemeint sind die Klassiker des Marxismus-Leninismus: Marx, Engels, Lenin.

12/13,5 *Mukden]* Hauptstadt der Mandschurei; heute: Shenyang, Hauptstadt der nordostchinesischen Provinz Liaoning.

12/13,8 *das letzte nach der Grenze zu]* Das Parteihaus ist bei dem Reiseziel Mukden im fernöstlichen Sibirien zu denken. Die folgenden Fragen des Jungen Genossen beziehen sich demnach auf die erwartete materielle und politische Unterstützung beim sozialistischen Aufbau in diesem damals besonders rückständigen Teil der UdSSR.

16/17,8 *U. S. S. R.]* Zeitgenössische deutsche Schreibform für die Abkürzung von Union der Sozialistischen Sowjetrepubliken (UdSSR).

20/21,18-26 *Wer für den Kommunismus kämpft…]* Diese Passage des Kontrollchors knüpft an Lenins Schrift *Der »Radikalismus«, die Kinderkrankheit des Kommunismus* (1920) an. Dort heißt es u. a.: »Man muß […] zu all und jedem Opfer entschlossen sein und sogar – wenn es sein muß – zu allen möglichen Listen, Kniffen, illegalen Methoden, zur Verschweigung, Verheimlichung der Wahrheit bereit sein […]«, und: »Man muß die größte Treue für die Idee des Kommunismus mit dem Vermögen vereinigen, alle notwendigen, praktischen Kompromisse einzugehen, zu lavieren, zu paktieren, im Zickzack vorzugehen, Rückzüge anzutreten u. dgl. […]« (Lenin, *Sämtliche Werke*, Bd. 25, Wien/Berlin 1930, S. 240, 284).

27,9 *Tientsin]* Stadt in dem an die damalige Mandschurei angrenzenden Gebiet, südöstlich von Peking.

36/37,29f. *Klug ist nicht…]* Vgl. Lenin, *Der »Radikalismus«, die Kinderkrankheit des Kommunismus*: »Klug ist nicht derjenige, der keine Fehler macht. […] Klug ist derjenige, der keine allzu wesentlichen Fehler macht und es versteht, sie rasch und mit Leichtigkeit zu korrigieren.« (S. 219)

63,15 *Rat des Genossen Lenin]* Die Orientierung auf die werktätige Bauernschaft als Hauptverbündeten des Proletariats bei der Vorbereitung und Durchführung der sozialistischen Revolution sowie bei der Sicherung ihrer Ergebnisse gehört zu den zentralen Lehren des Leninismus und ist in vielen Schriften und Reden Lenins dargelegt. Die szenische Situation verarbeitet Lenins Argumentationen aus *Der »Radikalismus«, die Kinderkrankheit des Kommunismus*, in denen eine Auseinandersetzung mit der revolutionären Ungeduld in nicht unmittelbar revolutionären Situationen geführt wird.

72,26 *Eine Maßnahme!]* Da die Satzvorlage zum Vorausdruck nicht erhalten ist, läßt sich nicht feststellen, ob diese Formulierung, die von der sonst benutzten (»Eure Maßnahme«) abweicht, ein Druckfehler ist.

87 f. *Das Lehrstück »Die Maßnahme«]* Den Text schreibt Brecht für das Programmheft der Uraufführung, das außerdem einen Vorabdruck der *Maßnahme*, ein Besetzungsverzeichnis sowie Werbung enthält. Die Seiten sind perforiert, so daß sie leicht herausgelöst werden konnten. Auf der Seite mit den Fragen an die Zuschauer steht die Aufforderung, den ausgefüllten Zettel an Slatan Dudow zu senden, den Regisseur der Aufführung. Weiter heißt es: »Die Beantwortung der Fragen soll Diskussionsstoff abgeben.« Eine Diskussion des Stückes kündigt das Programmheft für den 20. Dezember 1930 in der Schulaula Weinmeisterstraße an, zu der nur Zuschauer der Uraufführung zugelassen sind. Antworten auf die Fragen konnten nicht ermittelt werden. Einem Bericht von Alfred Kemény in der *Roten Fahne* zufolge hat die Diskussion den Charakter einer »kollektiven Produktionsberatung« gehabt. »Die Aussprache«, heißt es, »und die Beantwortung der Fragebogen hat die Autoren bereits dazu veranlaßt, an dem Text der *Maßnahme* politische Änderungen vorzunehmen«.

88-93 *Anmerkungen]* Die *Anmerkungen*, die sich auf die Fassung von 1931 beziehen, stellt Brecht für den Druck im Heft 4 der *Versuche* zusammen (Gustav Kiepenheuer Verlag, Berlin 1931, S. 359-361).

88 f. *Offener Brief]* Er wird am 13. Mai 1930 im *Berliner Börsen-Courier* veröffentlicht, dazu eine Stellungnahme der künstlerischen Leitung der »Neuen Musik Berlin 1930« mit folgendem Wortlaut: »In der von Herrn Brecht veranlaßten Mit-

teilung, daß sein Stück ›Der Jasager‹ (Musik von Hanns Eisler) von der künstlerischen Leitung der ›Neuen Musik – Berlin‹ aus politischen Gründen abgelehnt worden sei, teilen wir mit, daß das vollständige Stück bisher überhaupt nicht vorgelegen hat und deshalb auch nicht abgelehnt werden konnte. Die künstlerische Leitung hat sich zunächst nur mit dem Text befassen können. Die Einreichung des gesamten Stückes mit Musik bei dem Programmausschuß hat Herr Brecht abgelehnt.« (Der Titel ist falsch wiedergegeben, es handelt sich um *Die Maßnahme*.) Zwei Tage später teilt die künstlerische Leitung in einem Antwortschreiben Brecht und Eisler mit, daß das Stück, wenn auch aus anderen Gründen, nicht angenommen wird: »Szenische Stücke kommen für eine Aufführung nur in Betracht, wenn die Musik von entscheidender Bedeutung für die Haltung des Werkes ist. Dabei spielt die politische Tendenz keine Rolle [...]. Nach Kenntnisnahme des Textes müssen wir aber annehmen, daß die Musik dem Text gegenüber eine untergeordnete Stelle einnimmt.« (*Berliner Börsen-Courier*, 15. Mai 1930). Dieser Ablehnung aus formalen Gründen ist vermutlich eine Ablehnung aus politischen Gründen vorangegangen, die Brecht und Eisler zu ihrer öffentlichen Äußerung veranlaßt haben. In einem Entwurf zum *Offenen Brief* schreibt Brecht: »Die Veranstaltung ›Neue Musik Berlin‹ unter der Leitung von Professor Paul Hindemith, Musikdirektor Heinrich Burkard und Professor Schünemann hat die angekündigte Aufführung des neuen Lehrstücks von Brecht und Eisler aus politischen Gründen abgesagt. Es hängt dies mit der Neuorganisierung des früheren Donaueschinger bzw. Baden-Badener Musikfestes unter nunmehr staatlichem Protektorat zusammen.« (Nachlaß) Die Veranstaltung »Neue Musik Berlin 1930« ist eine Fortführung der Donaueschinger Musiktage (1921-1926) und der »Deutschen Kammermusik Baden-Baden« (1927-1929). Sie wird von der Rundfunkversuchsstelle bei der Staatlichen Hochschule für Musik ausgerichtet und findet vom 19. bis 22. Juni 1930 statt.

88 *Heinrich Burkard]* Der Kapellmeister Heinrich Burkard leitet von 1921 bis 1926 die Kammermusikaufführungen in Donaueschingen, von 1927 bis 1929 die »Deutsche Kammermusik

Baden-Baden« und gehört 1930 zur Leitung der Neuen Musik Berlin.

88 *Paul Hindemith]* Der Komponist Paul Hindemith schreibt 1929 die Musik zu Brechts *Lehrstück* (späterer Titel: *Das Badener Lehrstück vom Einverständnis*). 1930 wird er in die Leitung der Neuen Musik Berlin berufen.

88 *Georg Schünemann]* Der Musikwissenschaftler, Musikerzieher und Komponist Georg Schünemann ist von 1920 bis 1933 an der Staatlichen Hochschule für Musik Berlin tätig, ab 1927 ist er deren Rektor. Er befaßt sich besonders mit Fragen der Musikerziehung.

89 *Ablehnung einer Aufführung der »Maßnahme«]* Durch die Auseinandersetzungen sehen sich Brecht und Kurt Weill veranlaßt, auch ihre Schuloper *Der Jasager* als Beitrag zum Musikfest zurückzuziehen; sie wird am 23. Juni 1930 innerhalb einer Veranstaltung des Berliner Zentralinstituts für Erziehung und Unterricht in der Aula dieses Instituts uraufgeführt.

89 *»wegen formaler Minderwertigkeit des Textes«]* Bezieht sich auf den Ablehnungsbescheid, der nicht überliefert ist.

90 *Zeile 1 bis 25 (11,1-22)]* Die Zeilenangaben beziehen sich auf den Druck des Stücks in den *Versuchen*, das einen fortlaufenden Zeilenzähler hat. Die in Klammern eingefügten Zahlen nennen (auch im folgenden) die Stellen in der vorliegenden Ausgabe.

93 *Band 25]* Brecht zitiert aus dem 1930 erschienenen Band 25 von Wladimir Iljitsch Lenin, *Sämtliche Werke*, Wien/Berlin.

Suhrkamp BasisBibliothek
Eine Auswahl

Thomas Bernhard
Erzählungen
Kommentar: Hans Höller
SBB 23. 171 Seiten

»Eine unverzichtbare Sensibilisierung für den Formwillen
der Kurzprosa Thomas Bernhards leisten beispielsweise
die schlichten und treffenden Hinweise zur ›Form und
Genese modernen Erzählens‹ und zu Bernhards sprach-
lichen und thematischen Gravitationszentren im Kom-
mentarteil. Gerade durch diese Vorbereitung wird sich
der Leser vorbehaltsloser den Exzessen der längeren
Prosa des Übertreibungskünstlers ausliefern können.«
Frankfurter Allgemeine Zeitung

»Dieses Bändchen mit Erzählungen aus den Jahren 1963
bis 1967 und einem Kommentar, der weit darüber hinaus-
geht, eignet sich gut dazu, Thomas Bernhards Bekannt-
schaft zu machen. Allerdings: es besteht die Gefahr, daß
man ihn nicht wieder los wird.« *Frankfurter Neue Presse*

NF 334/1/1.02

Annette von Droste-Hülshoff
Die Judenbuche
Kommentar: Christian Begemann
SBB 14. 136 Seiten

»Mit der *Judenbuche* hat der Suhrkamp Verlag eine der zugleich berühmtesten und rätselhaftesten Erzählungen des 19. Jahrhunderts in seiner Reihe BasisBibliothek vorgelegt und mit Christian Begemann einen ausgewiesenen Fachmann für die Literatur der Epoche zur Erstellung des Kommentars gewonnen. ... Der vorliegende Band entspricht den Anforderungen, die man an einen ›Arbeitstext für Schule und Studium‹ stellt, vorbildlich. Christian Begemanns hervorragender Forschungsüberblick und sein ebenso hochaktueller wie voraussetzungsreicher Blick auf die Erzählung dürften allerdings wohl erst im universitären Rahmen angemessen gewürdigt werden.«
Literatur in Wissenschaft und Unterricht

»Dieser zeitlose Novellenklassiker zwischen Biedermeier und Realismus ist hier vorzüglich für eine vertiefte Oberstufenarbeit ediert. Der Kommentar bietet zuverlässiges Material zu Zeithintergrund, Stoff, Entstehungsgeschichte und Rezeption, der aktuelle Forschungsüberblick behandelt verschiedene Deutungsansätze, Erzählstrategien und Fragen der Gattung und Epochenzugehörigkeit.« *Lesenswert*

NF 334/2/1.02

Johann Wolfgang Goethe
Die Leiden des jungen Werthers
Kommentar: Wilhelm Große
SBB 5. 221 Seiten

»Auch wer sein zerfleddertes Werther-Bändchen seit
Schüler-Tagen mit sich schleppt, wird Platz suchen für die
neuen Bände der Suhrkamp BasisBibliothek – und wird
die Kinder beneiden, die gleich mit einem Lern-Angebot
überrascht werden, das man sich früher erst mühsam
beim Studium zusammenklauben mußte.« *Die Zeit*

Rainer Maria Rilke
Die Aufzeichnungen des Malte Laurids Brigge
Kommentar: Hansgeorg Schmidt-Bergmann
SBB 17. 300 Seiten

»Den größten Teil des Kommentars machen jedoch
Wort- und Sacherklärungen zu einzelnen Stellen aus; da
sie nicht stichwortartig im Telegrammstil gehalten sind,
erklären sie vorzüglich auch komplexe Zusammen-
hänge.« *Neue Zürcher Zeitung*